Thomas Starke

WELTERBE

Deutschland
Österreich
Schweiz

UNESCO

DEUTSCHLAND

Der Dom zu Aachen 8
Der Dom zu Speyer 12
Die Residenz zu Würzburg 16
Die Wieskirche 20
Schlösser Augustusburg und Falkenlust in Brühl 24
Dom und St. Michael zu Hildesheim 28
Römerbauten, Dom und Liebfrauenkirche in Trier 32
Die Altstadt von Lübeck 36
Schlösser und Parks von Potsdam-Sanssouci 40
Kloster Lorsch 44
Erzbergwerk Rammelsberg und Altstadt von Goslar 48
Die Altstadt von Bamberg 52
Kloster Maulbronn 56
Die Altstadt von Quedlinburg 60
Die Völklinger Eisenhütte 64
Fossilienlagerstätte Grube Messel 66
Die Bauhausstätten in Weimar und Dessau 70
Der Kölner Dom 72

Luthergedenkstätten in Eisleben und Wittenberg 76
Klassisches Weimar 80
Die Wartburg 84
Die Museumsinsel in Berlin 88
Kulturlandschaft Gartenreich Dessau-Wörlitz 92
Insel Reichenau 96

ÖSTERREICH
Die Altstadt von Salzburg 102
Schloss Schönbrunn in Wien 106
Hallstadt-Dachstein, Salzkammergut 110
Die Semmeringbahn und ihre umgebende Landschaft 114
Die Altstadt von Graz 116
Kulturlandschaft Wachau 120

SCHWEIZ
Der Stiftsbezirk St. Gallen 126
Das Benediktinerinnenkloster St. Johann in Müstair 130
Die Altstadt von Bern 134
Die Burgen von Bellinzona 138

Ägypten bat 1959 die UNESCO, die Sonderorganisation der Vereinten Nationen für Bildung, Wissenschaft, Kultur und Kommunikation, um Hilfe bei der Rettung von Abu Simbel zusammen mit dem gesamten Umfeld der vom Assuan-Staudamm bedrohten nubischen Tempel. Fünfzig Länder beteiligten sich an den Rettungsaktionen, darunter auch die Bundesrepublik Deutschland und die ehemalige DDR. Aus diesem konkreten Projekt erwuchs eine neue Idee, die beispielhaft für den künftigen Umgang mit dem historischen Erbe werden sollte: Die herausragenden Kultur- und Naturstätten der Welt gehören nicht allein den Staaten oder Völkern, auf deren Boden sie sich befinden, sondern sie sind Eigentum der gesamten Menschheit.

Die UNESCO-Welterbeliste, die zur Zeit (im Herbst 2001) 690 Stätten aus 122 Staaten umfasst, ist die erfolgreiche Umsetzung dieser Idee. Das zwischenstaatliche Übereinkommen von 1972, auf das diese Liste gegründet ist, wurde inzwischen von 164 Staaten unterzeichnet. Der Stolz, eigene Kultur- oder Naturstätten von herausragender Bedeutung und universellem Wert auf dieser Liste zu verankern, verbindet sich mit der Einsicht, dass diese Stätten zum gemeinsamen Erbe der Völkergemeinschaft gehören. Sie stellen historische Wegmarken dar, an denen wir die vielfältigen Stationen der Menschheitsgeschichte ablesen können.

Das Welterbeprogramm der UNESCO ist eine beispiellose Gemeinschaftsaktion der Regierungen und Fachorganisationen in aller Welt, die die Menschheit über alle politischen und wirtschaftlichen Grenzen hinweg verbindet. Im Mittelpunkt steht die Selbstverpflichtung der jeweils verantwortlichen Regierungen. Das zwischenstaatliche UNESCO-Welterbekomitee nimmt nur solche Vorschläge zur Prüfung an, die ihr zusammen mit konkreten Plänen und Garantien zur Erhaltung des kulturellen Erbes eingereicht werden. Erst dann treten die internationalen Gutachter in Aktion, die den Vorschlag nach den Kriterien der Einzigartigkeit und internationalen Bedeutung prüfen.

Die Annahme der Auszeichnung als Welterbe bedeutet ein Stück Souveränitätsverzicht zugunsten der internationalen Gemeinschaft. Sie bedeutet aber auch eine dauerhafte Garantie für internationale Wachsamkeit beim Schutz unwiederbringlichen Kulturerbes gegen kurzfristige wirtschaftliche Interessen.

Deutschland ist mit 24 bedeutenden Stätten auf der UNESCO-Welterbeliste vertreten. Daraus ergibt sich für uns eine dreifache Verantwortung: Wir müssen alle erforderlichen Anstrengungen auf uns nehmen, um dieses kulturelle Erbe in seiner authentischen Form zu bewahren. Wir müssen es in sinnvoller Weise allen zugänglich machen, die es kennenlernen möchten. Die Auszeichnung unserer eigenen Welterbestätten weist uns jedoch auch auf eine noch bedeutendere Aufgabe hin – dem Erbe aller Völker dieser Erde mit Interesse und Aufgeschlossenheit zu begegnen und Brücken zu bauen für den Dialog zwischen den Kulturen.

Bonn, September 2001

Dr. Traugott Schöfthaler
Generalsekretär der Deutschen
UNESCO-Kommision

WELTERBE
Deutschland

**Weltkulturerbe
Deutschland
Aufnahme 1978**

Vor mehr als 1.200 Jahren entfaltete sich Aachen zum Mittelpunkt des europäischen Reiches. Diesen Aufstieg hat die Stadt Karl dem Großen zu verdanken, der hier seine zentrale Residenz errichtete. Damit verwirklichte er seinen großen persönlichen Traum, nämlich den Bau eines zweiten „Neuen Roms". Mit dem Baubeginn der Pfalzkapelle – über

Der Dom zu Aachen

Unterschiedliche Bauformen aus seiner 1.200 Jahre langen Geschichte bestimmen die heutige Gestalt des Aachener Domes. Kernstück des eindrucksvollen Kirchenbaus ist die ehemalige Pfalzkapelle Karls des Großen, viele Jahrhunderte der größte kuppelüberwölbte Bau nördlich der Alpen. Die monumentale Chorhalle im Vordergrund ist ein Meisterwerk spätgotischer Baukunst.

Ein besonders geschichtsträchtiger Ort ist das Westjoch des Emporengeschosses. Hier steht der berühmte Thron Karls des Großen. Bis zum Jahre 1531 nahmen hier über dreißig Könige nach Wahl und Weihe Platz. Damit wurde die Pfalzkapelle Krönungskirche des deutschen Reiches.

dessen Zeitpunkt nichts bekannt ist – war der Grundstein zu einem der bedeutendsten Bauwerke Europas gelegt. Schon zeitgenössische Beobachter waren überwältigt von der Einzigartigkeit und Pracht des Kirchenbaues. Man sprach sogar von einem Wunder der Baukunst, bei dem auch die Hand Gottes mit im Spiel gewesen sein müsste. Im Verlauf seiner 1.200-jährigen Geschichte wurde der Dom mehrfach umgebaut und erweitert. Dabei hat das Bauwerk nie etwas von seiner Einmaligkeit eingebüßt. Aufgrund seiner großartigen Architektur und überregionalen Bedeutung wurde der Aachener Dom 1978 als erstes deutsches bau- und kunstgeschichtliches Ensemble in die UNESCO-Liste des Weltkulturerbes aufgenommen.

Auffallendstes Bauteil der heutigen imposanten Anlage ist die so genannte Pfalzkapelle. Mit ihrer Fertigstellung um 800 war etwas Einmaliges und bisher nicht da Gewesenes entstanden: das erste große kuppelüberwölbte Bauwerk nördlich der Alpen. Für Jahrhunderte wird sie der höchste gewölbte Innenraum in diesem Teil Europas bleiben. Zu Zeiten Karls des Großen war die Pfalzkapelle Teil einer großen Königspfalz mit Wohn- und Palastbauten, von denen sich bis heute einige Teile erhalten haben.

Schon Karls Vater, der Frankenkönig Pippin, war in Aachen zeitweise ansässig und sein Sohn Karl konnte sich in den heißen Quellen, die zuvor schon die Römer genossen hatten, von seinen Reisen und Feldzügen erholen. Als Karl beschloss, sesshaft zu werden, reifte sein Plan, den väterlichen Königshof und seinen Lieblingswohnsitz zu einer Reichsresidenz auszubauen. Kernstück des ehrgeizigen Bauprojektes war die Pfalzkapelle, denn selbstverständlich gehörte zu der neuen Residenz eines christlichen Kaisers ein repräsentativer Kirchenbau.

Es ist ein historischer Glücksfall, dass sich der gewaltige Kuppelbau mit seinem sechzehneckigen doppelgeschössigen Umgang, mit der so genannten Kaiserloge, der Eingangshalle und dem Westbau fast unverändert erhalten haben. Alle Bauteile sind handwerklich und technisch von höchster Qualität und zeigen den antik-kaiserlichen Anspruch des königlichen Bauherrn. Damit sollte ein sichtbares Zeichen für die geistige und politische Erneuerung des Abendlandes gesetzt werden.

Für den Zentralbau stand das Oströmische Reich Pate. Seit dem 5. Jahrhundert war diese Bauform bei den monumentalen Repräsentationsbauten in Byzanz die beliebteste Bauform. Auch die Ähnlichkeiten mit der Kirche San Vitale in Ravenna, einem bedeutenden Bauprojekt des Weströmischen Reiches, sind unübersehbar. Karl der Große begnügte sich jedoch nicht damit, bekannte und berühmte Vorbilder der klassischen Antike zu zitieren. Um seinen politischen und religiösen Herrschaftsanspruch zu untermauern, scheute er keinen Aufwand und ließ sogar originale Bauteile und Ausstattungsstücke aus dem römischen Reich abtransportieren. Die schlanken Säulen im Emporgeschoss der Pfalzkapelle waren auf Befehl des Kaisers über die Alpen nach Aachen gebracht worden. Papst Hadrian persönlich hatte die Erlaubnis dazu gegeben. Auch der reich verzierte Proserpina-Sarkophag kam in diesem Zusammenhang nach Aachen.

Der Schrein birgt seit 1239 die vier großen Heiligtümer des Aachener Reliquienschatzes. Seit 1349 wurden sie alle sieben Jahre dem Schrein entnommen und von der Turmgalerie gezeigt. Der Brauch der „Heiltumsweisung" hat sich bis in unsere Zeit erhalten. Von 1989 bis 2000 wurde der Schrein gesichert und konserviert. Er steht jetzt wieder an seinem alten, angestammten Platz in der Chorhalle des Domes.

Die Aachener Domschatzkammer birgt einen der bedeutendsten Kirchenschätze nördlich der Alpen. Heute werden hier auf über 600 qm mehr als 100 großartige Kunstwerke präsentiert. Eines ihrer besonderen Kostbarkeiten ist die silbern getriebene, teilweise vergoldete Karlsbüste (nach 1349). Das Reliquiar birgt die Schädeldecke Karls des Großen.

Zur Prachtentfaltung der Innenräume sind aber nicht nur antike Kostbarkeiten verwendet worden. Auch einheimische, karolingische Werkstätten waren am Ausbau maßgeblich beteiligt und stellten ihr Können unter Beweis. Herausragende Kunstwerke, wie die Bronzegitter der Emporen und die Bronzetore der Haupt- und Nebeneingänge, stammen aus karolingischer Produktion und sind vor Ort gegossen worden. Von dieser ersten Ausstattung haben sich bis heute mehr als zwanzig antike Säulen, acht Bronzegitter und vier Bronzetore erhalten, darunter die als Wolfstür bekannte Portaltür im Westbau der Kirche, das heutige Hauptportal.

Um 800 hatte der königliche Baumeister Otto von Metz die Vision seines Auftraggebers in die Tat umgesetzt, die Pfalzkapelle war vollendet. Zu Weihnachten im Jahre 800 gab es einen weiteren Höhepunkt: Papst Leo III. krönte den Frankenkönig Karl in Rom zum römischen Kaiser.

Die Pfalzkapelle wurde auch zur letzten Ruhestätte ihres Erbauers. Karl der Große starb am 28. Januar 814 und wurde noch am gleichen Tag in einem antiken Sarkophag, dem Proserpina-Sarkophag, der sich heute in der Domschatzkammer befindet, beigesetzt. Im Jahre 1165 veranlasste Kaiser Friedrich I. „Barbarossa" die Heiligsprechung Karls des Großen. Die Gebeine des großen Herrschers wurden in diesem Zusammenhang umgebettet und ruhen heute in dem kostbaren, 1215 fertig gestellten Karlsschrein. Er ist über zwei Meter lang und mit vergoldetem Silber und emaillierten Kupferplatten bedeckt. Zur prachtvollen Verzierung gehören auch sechzehn silber getriebene vollplastisch gearbeitete Herrscherfiguren an den Seiten des Schreins. Er steht heute im Zentrum der gotischen Chorhalle.

In seiner langen Geschichte ist der Aachener Dom ein einzigartiges Zeugnis der karolingischen Epoche. Nur in Aachen gibt es heute noch ein erhaltenes Bauwerk, das so eng mit dem Namen Karl des Großen verbunden ist. Aber auch nach der Vollendung der Pfalzkapelle und nach dem Ableben des mächtigen Kaisers bleibt der Dom in seiner historischen und architektonischen Bedeutung ein herausragendes Monument. Besonders geschichtsträchtig ist der Thron Karls des Großen, der sich im Westjoch des Emporgeschosses befindet. Die Thronbesteigung war ein wichtiger Akt im Krö-

nungszeremoniell, mit der das Reich in Besitz genommen wurde. Hier ließ sich im Jahre 936 Otto I. krönen. Dies war zugleich der Beginn einer 600 Jahre dauernden glanzvollen Geschichte Aachener Krönungen. Bis zum Jahre 1531 nahmen 30 deutsche Könige nach dem feierlichen Zeremoniell auf dem Karlsthron Platz, um die symbolische Nachfolge des gefeierten Herrschers anzutreten.

Schon zu Zeiten Karls des Großen war der Aachener Dom ein bedeutendes Zentrum der Reliquienverehrung. Im Spätmittelalter erlangte der Dom zusätzlich überregionale Bedeutung als Wallfahrtsziel. Seit 1349 kamen alle sieben Jahre ganze Pilgerströme aus allen Teilen Europas nach Aachen, um den außergewöhnlichen Reliquienschatz im Dom zu verehren. Aachen wird von nun an gleichbedeutend mit den berühmten Pilgerstätten Jerusalem, Rom und Santiago de Compostela. Dabei sind es nicht nur die Karlsreliquien, die diesen Ansturm verursachen. Seit der Zeit Karls des Großen haben sich eine Vielzahl weiterer bedeutungsträchtiger Reliquien angesammelt. Man rühmte sich, einmalige textile Reliquien wie das Marienkleid, die Windeln und das Lendentuch Christi sowie das Enthauptungstuch Johannes des Täufers zu besitzen. Nach der Vollendung des Karlsschreins 1215 hatte man an einem adäquaten Aufbewahrungsort für diese Schätze gearbeitet. Im Jahre 1239 war der Marienschrein fertig gestellt. Diese „Schatztruhe" ist mit kostbaren Edelsteinen geschmückt und kann heute wieder, nach fast 12-jähriger Konservierung, im Dom bewundert werden. Bis heute hat sich die Wallfahrt nach Aachen erhalten. Im Jahre 2000 kamen mehr als 85.000 Pilger.

Den großen Feiern, die mit den Krönungen verbunden waren, sowie dem zunehmenden Ansturm der Pilger war die altehrwürdige Pfalzkapelle nicht mehr gewachsen. 1355 entschloss sich das Stiftskapitel daher zu einem Anbau. Nach rund 60-jähriger Bauzeit war am 28. Januar 1414, am Todestag Karls des Großen, die neue Chorhalle fertig gestellt und der Aachener Dom um ein berühmtes Bauwerk reicher. Der Neubau besticht nicht nur durch seine Größe und grazile Schlankheit. Ohne wuchtige Mauern und unter Verwendung filigraner Strebepfeiler entstand eine lichtdurchflutete architektonische Meisterleistung. Über 1.000 qm Glas wurden eingebaut, Grund dafür, dass man den Chorbau heute auch das „Glashaus von Aachen" nennt.

Zur besonderen Bedeutung des Domes gehört auch sein berühmter Kirchenschatz mit dem Lotharkreuz und der Büste Karls des Großen. Königliche Stifter haben ihn jahrhundertelang mit erlesenen Kunstwerken bestückt. Zu den wertvollen Ausstattungstücken im Dom selbst gehören zum Beispiel die goldene Altartafel und der Barbarossaleuchter.

Die Domschatzkammer zeigt sakrale Kulturschätze aus spätantiker, karolingischer, ottonischer, staufischer und gotischer Zeit, die zum Teil zu den größten Kunstwerken ihrer Epoche gehören. Eines der herausragenden Ausstellungsstücke ist das edelsteinbesetzte Lotharkreuz, ein Meisterwerk der Goldschmiedekunst aus der Zeit um 1000.

**Weltkulturerbe
Deutschland
Aufnahme 1981**

Der Dom zu Speyer

Heute ist es eine Grenzregion zu Frankreich, im Mittelalter dagegen lag das Land zwischen Rhein und Saar im Zentrum des Reiches. Hier, in Speyer, errichteten die salischen Kaiser im 11. Jahrhundert den damals eindrucksvollsten Dom des Abendlandes. Zusammen mit dem Dom zu Worms und dem zu Mainz ist der Dom zu Speyer das Hauptwerk der romanischen Baukunst in Deutschland. Zusätzliche Berühmtheit erlangte das Gotteshaus als Grablege der Salier, doch auch staufische und habsburgische Herrscher wollten in Speyer bestattet werden. Das Bauwerk war aber schon im Mittelalter weitaus mehr als eine Machtdemonstration des salischen Kaiserhauses, denn seine ungewöhnliche Größe und moderne Architektur revolutionierten die Baukunst im 11. und 12. Jahrhundert. Das Weltkulturerbe der UNESCO hat aber ein weiteres, ungewöhnliches und besonderes Prädikat: Seine wechselvolle Baugeschichte ist ein hervorragendes Beispiel für die Lehre der Denkmalpflege in Deutschland und Europa.

Die dreischiffige basilikale Anlage mit mächtigem Westbau und Ostquerschiff entstand innerhalb von 30 Jahren. Bauherr war Konrad II., der schon bald nach seiner Wahl zum deutschen König das ehrgeizige Ziel verfolgte, inmitten seines Familienbesitzes – die Salier waren Herzöge von Rheinfranken und Grafen im Speyergau – am Rheinufer in Speyer den monumentalsten und neuartigsten Kirchenbau seiner Zeit zu errichten. Das gelang ihm in der Tat, denn allein der Raumeindruck des sehr hohen, flach gedeckten Hauptschiffes mit zwölf Pfeilerpaaren und einer Länge von fast 134 Metern war überwältigend. Nirgendwo gab es außerdem eine so raffinierte und künstlerische Innenraumgestaltung, denn statt hoher und mächtiger Mauern lenken schlanke, bis unter die Decke reichende Pfeilerarkaden das Auge des Besuchers. Prachtvoll mit stattlichen Säulen und Würfelkapitellen ausgestattet ist auch die Hallenkrypta, die sich wie ein zweiter, unterirdischer Kirchenbau unter dem Chor und dem Querschiff erstreckt.

Konrad II. hat die Vollendung dieses technischen Meisterwerkes nicht mehr erlebt und wurde 1039 sozusagen auf einer Baustelle beigesetzt. Erst unter seinem Nachfolger konnte der Dom 1061 geweiht werden. Heinrich IV., der Enkel Konrads II., war zu diesem Zeitpunkt noch ein Kind von elf Jahren. Nur zwanzig Jahre später ordnete der Kaiser einen weitreichenden Umbau an, der die Pracht und Monumentalität des Domes nochmals steigern sollte. Waren es politische Motive, die den Kaiser erneut so offensiv seine Macht demonstrieren ließen? Dies ist durchaus denkbar, denn die Baupläne reiften mitten in der heftigen Auseinandersetzung mit Rom, die als Investiturstreit überliefert ist, und Heinrich IV. war bereits zum zweiten Mal mit dem Bann belegt worden.

Eine besonders kühne Leistung war der Einbau des massiven Kreuzgratgewölbes im Mittelschiff, denn die bestehenden Wände konnten diese neue enorme Belastung nicht aushalten. Planer und Baumeister lösten dieses Problem sehr elegant und machten aus einer technischen Notwendigkeit ein künstlerisches Meisterstück: Nur jeder zweite Pfeiler wurde verstärkt und damit ein besonderer Rhythmus erfunden, der Wand und Gewölbe optisch vereinheitlicht.

Der Dom zu Speyer, hier in einer Ansicht von Südosten, zählt zu den Hauptwerken der romanischen Baukunst in Deutschland. Die Ostseite des Domes mit ihrer großartigen Apsis dokumentiert eindrucksvoll eine der bedeutendsten Architekturen des Mittelalters.

Als fast schon revolutionär ist der Einbau der Zwerggalerien zu bezeichnen, niedrige Laufgänge unterhalb des Dachansatzes, die als schmales, umlaufendes Schmuckband die Bauteile zusammenfassen. Neuartig war auch die Apsis mit ihren großen Blendarkaden auf Halbsäulen im Äußeren, die fast die gesamte Höhe des Baues zu einem Geschoss zusammenfassen. Der Verdacht liegt nahe, dass erfahrene lombardische Bauhandwerker diese Motive an den Rhein importierten.

Als Heinrich IV. am 7. August 1106 in Utrecht starb, war der Domumbau fast fertig gestellt. Trotzdem durfte der Kaiser nicht im Dom bestattet werden, noch immer lag der Kirchenbann auf ihm. Eine ungeweihte Kapelle – später die Kapelle der hl. Afra – nahm den Sarkophag auf, bis er fünf Jahre später, nach der Lösung des Bannes, in der Kaisergrablege beigesetzt werden konnte.

Viele Jahrhunderte blieb der Dom unberührt und war Ort wichtiger historischer Ereignisse und politischer Entscheidungen. Das änderte sich im Schicksalsjahr 1689, als die Truppen Ludwigs XIV. im Pfälzischen Erbfolgekrieg die Kurpfalz heimsuchten. Viele Städte, darunter Heidelberg und Mannheim, lagen bereits in Schutt und Asche, als die Soldaten über Speyer herfielen. Dabei geriet auch der Dom in Brand und das Feuer beschädigte die westlichen Joche des Langhauses schwer.

Als Grabstätte salischer, staufischer und habsburgischer Herrscher gilt der Dom als ein besonderes Symbol mittelalterlichen Kaisertums. Zu den herausragenden Kunstwerken im Dom gehört der Epitaph Rudolfs von Habsburg (gest. 1291) in der Vorkrypta. Die Grabplatte war erst 1858 vom Johanniterhof, dem Sterbeort des Königs, in den Dom gebracht worden.

Nach dieser Zerstörung wurde der Dom in mehreren Etappen wieder aufgebaut und die nach dem Unglück eingestürzten Bauteile sorgfältig rekonstruiert. Den zerstörten Westbau errichtete Franz Ignaz Neumann in den Jahren 1772–1778. Nur wenige Zeit später – der Kirchenbau war aus Geldmangel immer noch nicht vollständig wiederhergestellt – fiel er erneut politischen Unruhen zum Opfer, als im Jahre 1794 französische Revolutionstruppen im Dom wüteten und alle Altäre zerstörten. Die Situation spitzte sich dramatisch zu, denn Napoleon persönlich befahl 1806 den Abriss des Bauwerkes, und der Versteigerungstermin für die Reste der

Im Jahre 1844 wurde König Ludwig I. von Bayern neuer Bauherr des Domes. In seinem Auftrag ist der Innenraum 1846–1853 von dem Maler Johann Baptist Schraudolph und seinen Gehilfen komplett im Stil der Nazarener ausgemalt worden. Zu den wenigen erhaltenen Überresten dieser Ausmalung gehört auch die „Vertreibung aus dem Paradies", Teil einer Bildserie von 24 Darstellungen mit Szenen aus dem Alten und Neuen Testament, die im Mittelschiff zu sehen sind.

Innenausstattung stand bereits fest. Für Rettung in letzter Minute sorgte der Bischof von Mainz, der mit viel diplomatischem Geschick den Feldherrn umstimmen konnte.

Als Speyer zusammen mit der Rheinpfalz im 19. Jahrhundert zu Bayern kam, setzte endlich auch wieder ein wirtschaftlicher Aufschwung ein. Das Bistum wurde erneuert, und König Ludwig I. kümmerte sich intensiv um die Wiederherstellung des Domes. Auf sein Geheiß hin führte Johann Baptist Schraudolph von 1846 bis 1853 eine komplette Neuausmalung im mittelalterlich orientierten Stil der Nazarener durch, und nur kurze Zeit später errichtete der Karlsruher Baudirektor Heinrich Hübsch einen neuen westlichen Querbau in neuromanischen Formen. Die letzte umfangreiche Renovierung erfuhren die Innenräume 1957 angesichts der bevorstehenden 900-Jahr-Feier.

Als Grabstätte berühmter römischer Kaiser und deutscher Könige ist der Dom schon im Mittelalter zum Denkmal geworden. Die kriegerischen Zerstörungen im 17. und 18. Jahrhundert erforderten immer wieder Reparaturen und Neubaumaßnahmen, doch erstaunlicherweise hat sich der Dom dabei nie grundlegend verändert. Selbst Franz Ignaz Neumann, Sohn des berühmten Barockbaumeisters Balthasar Neumann, baute für seine Zeit völlig unmodern, genauso wie die Künstler und Architekten des 19. Jahrhunderts. Alle waren darum bemüht, nach bestem Wissen und Gewissen den mittelalterlichen Gesamteindruck zu bewahren. Mit dieser Besonderheit ist der Kirchenbau ein wichtiges Erbe für die Denkmalpflege und das Verständnis vom Umgang mit der eigenen Geschichte geworden.

Auch für die Zukunft dieser reichen Vergangenheit wird Sorge getragen. Mit großem Engagement kümmert sich heute die Europäische Stiftung Kaiserdom zu Speyer um die Instandhaltung und Pflege des berühmten Baudenkmals.

Weltkulturerbe Deutschland Aufnahme 1981

Die Residenz zu Würzburg

Die ehemalige Residenz der Würzburger Fürstbischöfe zählt heute zu den bedeutendsten Schlossanlagen des Barock in Europa. Diesem sehr hoch gegriffenen Prädikat wird das Würzburger Schloss durchaus gerecht. Es überrascht nicht nur durch seine Größe und monumentale Baugestalt oder die innenarchitektonische Aufteilung mit einem wohl

durchdachten Raumprogramm. Einem Team von herausragenden Baumeistern, Künstlern und Kunsthandwerkern war es innerhalb weniger Jahrzehnte gelungen, ein Gesamtkunstwerk zu erschaffen, das selbst im Detail künstlerische Spitzenleistungen und hochwertige handwerkliche Qualitäten vorzuweisen hat. Die Würzburger Residenz erscheint wie aus einem Guss und sie ist in der Tat das Ergebnis eines ungewöhnlich schnellen Baufortschritts. Von

Mit der 1743 geweihten Hofkirche in der Würzburger Residenz gelang Balthasar Neumann nach dem Treppenhaus ein zweites architektonisches Glanzstück. Er verwandelte den rechteckigen Raum im Südwesteck des Schlosses in einen schwungvollen Festsaal. Die prunkvolle Dekoration spiegelt einen wichtigen Anteil des Wiener Architekten Lukas von Hildebrandt an dem Gesamtkunstwerk wider.

Die lang gestreckte Gartenfassade ist durch einen hohen und vortretenden Mittelpavillon akzentuiert. Seine wienerisch beschwingte Bauzier deutet auf Lukas von Hildebrandt als Urheber der Dekoration. Der Hofgarten, ein Ort höchsten Kunst- und Naturgenusses, bildete den Abschluss der grandiosen Baumaßnahme in Würzburg.

1720 an war innerhalb von nur etwa 60 Jahren ein riesiger Gebäudekomplex errichtet, aufwendig ausgestattet und mit einer prachtvollen Gartenanlage versehen worden. Ein Ausnahmefall, denkt man an viele andere Großbauten, die ihr endgültiges Gesicht erst nach jahrhundertelangen An- und Umbaumaßnahmen erhielten. Der zügige Baufortschritt bei einem der gewaltigsten Bauunternehmungen dieser Zeit ist einmalig und auch ein Verdienst der Auftraggeber dank ihres Drängens nach Fertigstellung, ihrer glücklichen Finanzierungspolitik und ihres persönlichen Engagements. Der berühmte Schlossbau ist daher ein sehr einheitliches Bauwerk geworden. Dies war auch ein wesentliches Kriterium, dass die Würzburger Residenz zusammen mit dem Residenzplatz und ihrem Hofgarten bereits 1981 in die Liste der Welterbestätten der UNESCO aufgenommen worden ist.

Die Homogenität des Würzburger Schlosses verdeckt allerdings eine höchst komplizierte und spannende Baugeschichte. Die überlieferten Planungsänderungen, Eingaben oder Meinungsverschiedenheiten der Baumeister und Auftraggeber untereinander lassen noch heute einige Fragen offen. Allein die Anzahl der beteiligten Baumeister, die zu den angesehensten Architekten ihrer Zeit zählten, macht es fast unmöglich, ihren jeweiligen Anteil am Entstehen der prachtvollen Anlage festzulegen. Lukas von Hildebrandt aus Wien, Robert de Cotte und Germain Boffrand aus Paris, Maximilian von Welsch, der Baumeister des Kurfürsten von Mainz, und Balthasar Neumann, der Hofbaumeister des Würzburger Fürstbischofs, formten die Würzburger Residenz zusammen mit Künstlern und Kunsthandwerkern aus ganz Europa zu einem einzigartigen Gesamtkunstwerk.

Der Bau der Würzburger Residenz gilt deshalb heute als Kollektivleistung und es fällt schwer, einzelne Persönlichkeiten hervorzuheben. Untrennbar ist dieses gewaltige Bauunternehmen jedoch mit dem Namen der Herren von Schönborn verbunden. Das Würzburger Schloss war ihr Prestigebau schlechthin und spiegelt vortrefflich die Bedeutung und die Karriere dieser außergewöhnlichen Familie. Im 18. Jahrhundert stand sie auf dem Höhepunkt ihrer Macht und besetzte mit hochrangigen Titeln wie Bischof und Erzbischof, Fürstbischof oder Reichskanzler politisch einflussreiche Schlüsselpositionen in Mainz, Würzburg, Bamberg, Speyer, Worms und Trier. Die Schönborns waren bekannt für ihre kluge Herrschaftspolitik, aber auch für ihre berühmt-berüchtigte Leidenschaft: das Bauen. Den „Bauwurmb" nannten sie selbstironisch ihr Laster, von dem sich wie bei einer Epidemie ein Familienmitglied nach dem anderen anstecken ließ. Mit ihrer Bauverständigkeit und ihrem selbst zuerkannten

Die unkonventionelle Architektur Balthasar Neumanns und das mit höchster malerischer Kunstfertigkeit geschaffene Deckenfresko von Giovanni Battista Tiepolo machen das Treppenhaus der Würzburger Residenz zu einem der großartigsten Raumschöpfungen, die im Profanbau je gelangen.

trefflichen „gusto" nahmen sie sich das Recht, den Baumeistern bei jeder Gelegenheit hineinzureden, aber sich auch untereinander mit geteilten Meinungen das Leben schwer zu machen.

Kaum hatte der Würzburger Fürstbischof Johann Philipp Franz von Schönborn 1720 mit dem Schlossbau begonnen, waren die beiden wichtigsten Familienmitglieder mit eigenen Planungsstäben zur Stelle: Lothar Franz von Schönborn, Kurfürst und Fürstbischof von Mainz und zugleich Erzkanzler des Heiligen Römischen Reiches, und Friedrich Karl von Schönborn, Reichsvizekanzler in Wien. In ihren Augen war Philipp Franz nur ein kleiner Provinzbischof, ohne jede Architekturerfahrung und was viel schlimmer war, ohne Geschmack, ein arger Dilettant, dem man das Projekt aus den Händen nehmen müsse. Dies gelang ihnen zwar nicht, die Einmischung führte aber zu einem großartigen Familienunternehmen mit einem hochkarätig besetzten internationalen Baubüro.

Ein Name verdient besondere Würdigung: Von Baubeginn an im Jahre 1720 bis zur Fertigstellung der Rohbauarbeiten 1744 war Balthasar Neumann der verantwortliche Bauführer. Die Würzburger Residenz gilt als sein Lebenswerk und hatte entscheidenden Einfluss auf seine weitere Karriere, die ihn zu einem der bekanntesten und begehrtesten Baumeister seiner Zeit werden ließ. Neumann, der die planerische Gesamtredaktion des Riesenbaus in seinen Händen hatte, gelang es, die verschiedenen, teilweise konkurrierenden Planungen aufzugreifen und zu einem neuartigen Ganzen zu formen. Für die Innenarchitektur mit ihrer großartigen Raumfolge mit Vestibül, Treppenhaus, Weißem Saal und Kaisersaal war er fast ausschließlich allein verantwortlich. Eine bautechnische Meisterleistung ist das weltberühmte Gewölbe im Treppenhaus. Fassungslos war der bedeutende Wiener Baumeister Lukas von Hildebrandt angesichts der Planung Neumanns für ein sehr weit gespanntes und extrem flach gehaltenes Gewölbe. Er unterstrich seine Zweifel an der „Statik" mit der Drohung, sich „auf eigene Kosten darin hängen zu lassen", falls die Konstruktion halten sollte. Neumann überzeugte den Fürstbischof mit dem Angebot, eine Batterie Kanonen darin abfeuern zu lassen, um die Haltbarkeit unter Beweis zu stellen.

Das Treppenhaus erhielt 1752/53 eine prächtige Ausgestaltung. Der Venezianer Giovanni Battista Tiepolo schuf mit hoher malerischer Kunstfertigkeit ein einzigartiges Deckenfresko mit der Darstellung der vier Erdteile. Höhepunkt bildet die Allegorie zu „Europa" mit dem Würzburger Hof als Zentrum der Künste. Tiepolo hinterließ neben einem Selbstportrait in diesem Fresko auch ein Portrait Balthasar Neumanns in der Uniform eines Obristleutnants. Mit dem Umfang von 18 m x 30 m gilt es als das größte einteilige Fresko, das je gemalt wurde. Die überragende Wölbtechnik Balthasar Neumanns rettete die Fresken im Zweiten Weltkrieg. Als im Bombenhagel der Alliierten die schweren Dachbalken brennend

eine Fülle von prächtigen Raumaustattungen und großartigen Kunstschätzen vom 18. Jahrhundert bis zum Frühklassizismus an. Ein besonderes Schmuckstück ist die Hofkirche im Südwesteck der Residenz. Von außen bemerkt man kaum, dass hier im Schloss ein Kirchenraum mit außergewöhnlicher Architektur und qualitätsvoller Ausstattung verborgen ist, der zu den Höhepunkten sakraler Kunst in Würzburg zählt.

Der verheerende Luftangriff vom 16. März 1945, kurz vor Ende des Zweiten Weltkrieges, zerstörte die Würzburger Altstadt zu 90 %, die Residenz brannte fast vollständig aus. Schon kurz nach dem Krieg wurde das bedeutende Schloss Gegenstand sorgfältiger und oft exemplarischer Restaurierungsmaßnahmen. Der inzwischen abgeschlossene Wiederaufbau stellte auch kunsthandwerklich höchste Anforderungen. Eine Meisterleistung war die aufwendige Rekonstruktion des 1987 wieder eröffneten Spiegelkabinetts mit seinen einzigartigen Hinterglasbildern, das 1945 völlig zerstört worden war.

Zur Stadtseite zeigt sich die Würzburger Residenz als dreiflügelige Anlage mit hoch herrschaftlicher Fassadenarchitektur. Der Ehrenhof, vor dem heute der so genannte Frankonia Brunnen aus dem 19. Jahrhundert steht, war ursprünglich mit einem prunkvollen Gitter verschlossen.

auf das Gewölbe stürzten, hielt die Konstruktion Neumanns stand.

Ganz typische Spuren Hildebrandts zeigt das Corps de Logis im Zentrum der Anlage. Die geschwungenen Giebel mit den Wappenfeldern zeugen von der Dekorationslust des Wiener Baumeisters. Auch der Kaisersaal ist mit Fresken von Tiepolo festlich ausgestaltet. In den weiteren Prunkräumen der Würzburger Residenz schließen sich

Heute kann die gewaltige Palastanlage wieder den Wunsch seiner Erbauer erfüllen, so wie es schon Balthasar Neumann formulierte, nämlich „der späten Nachwelt ein unauslöschliches ewiges Gedächtnis einprägen, damit die nach vielen Jahrhunderten kommenden Nachfahren zu unserer Verehrung und ihrer Bewunderung darob ersehen mögen, wie sehr unser Franken in diesen Jahren glücklich war".

Weltkulturerbe Deutschland Aufnahme 1983

Eine Million Menschen besuchen jährlich die berühmte Wallfahrtskirche auf der Wies in Oberbayern und bewundern ein prachtvolles Bauwerk, malerisch auf einer kleinen Anhöhe inmitten eines Wiesengeländes zu Füßen der Alpen gelegen. „Die Wies", wie sie liebevoll von Besuchern und Bewunderern genannt wird, zählt zu den vollendetsten

Die Wieskirche

Der Altarraum ist auch ein besonderes Zeugnis für die Einheit von Kunst und Theologie. Eine Nische im unteren Aufbau des prachtvoll gearbeiteten Hochaltars birgt das Gnadenbild des „Gegeißelten Heilands". Hier werden künstlerische Höchstleistungen den wichtigen religiösen Ansprüchen von Verehrung und Wallfahrt auf besondere Weise gerecht.

Vor der eindrucksvollen Kulisse der Alpen liegt die Wieskirche von weither sichtbar auf einem kleinen Hügel, malerisch eingebettet in eine sanft geschwungene, sie umgebende Wiesenlandschaft. Sie gilt als eines der vollendetsten Kunstwerke des bayerischen Rokoko.

Kunstwerken des bayerischen Rokoko. Als ein Meisterwerk menschlicher Schöpferkraft und als außergewöhnliches Zeugnis einer untergegangenen Kultur wurde die Wieskirche bei Steingaden 1983 in die Welterbeliste der UNESCO aufgenommen. Dieses Prädikat stellt sie in die Reihe bedeutendster Kunst- und Kulturdenkmäler auf der ganzen Welt. Europaweit hatte sie aber schon im 18. Jahrhundert einen großen Namen – bei Kunstverständigen und vor allem aber bei Wallfahrern.

„Was soll ich noch mehrer von diesem Gnadenfluss melden, da selber jetzt schon ganz Europa durchströmet, wenn sogar von Petersburg in Russland, von Gotenburg in Schweden, von Amsterdam in Holland, von Kopenhagen in Dänemark, von Christianenburg (dem heutigen Oslo), in Norwegen, von Nimes in Frankreich, von Cadiz in Spanien Wallfahrer da gewesen", berichtet der Wallfahrtspriester P. Benno Schröfl 1779. Der Anlass an einem so abgelegenen Ort ein prachtvolles Gotteshaus mit ungewöhnlicher Anziehungskraft zu errichten, war die Überlieferung eines Wunders, das sich am 14. Juni 1738 auf dem Wieshof bei Steingaden zugetragen haben soll. Die Bäuerin Maria Lory hatte die fast schon vergessene und auf einem nahe gelegenen Dachboden abgelegte Christusfigur, die an eine Säule angekettet das Leiden der Geißelung darstellt, mit zu sich nach Hause genommen. Während des Abendgebetes ereignete sich das so genannte „Wunder in der Wies". Die Bäuerin sah Tränen an der Figur des „Gegeißelten Heilands". Dieses Ereignis sprach sich schnell herum und war bald der Auftakt zu einer raschen und großen Wallfahrtsbewegung, die bis heute in der berühmten Kirche lebendig ist.

Zunächst wurde das wundertätige Bildwerk in einer dazu auf freiem Feld errichteten Kapelle verehrt, doch bald wurde der Ansturm von Pilgern aus Deutschland, Österreich, Böhmen und sogar aus Italien so groß, dass der Prämonstratenserabt aus Steingaden die Errichtung eines würdigen Gotteshauses für das Gnadenbild beschloss. Die Wieskirche entstand und das Gnadenbild des gegeißelten Heilands wurde, umgeben von einem großartigen Meisterwerk der Architektur, zum Mittelpunkt der Wallfahrt mit europäischen Dimensionen.

Der Forschungsstand zur Baugeschichte der Wallfahrtskirche kennt heute mehrere Bauabschnitte, die zeigen, dass der eindrucksvolle Kirchenbau nicht das Ergebnis eines starr festgelegten Gesamtkonzeptes war und auch nicht in einem Stück geplant und ausgeführt wurde. Vielleicht waren die auftraggebenden Äbte vorsichtig oder umsichtig, jede weitere Investition von der Wirtschaftlichkeit der Pilgerstätte und dem Zuspruch der Wallfahrten abhängig zu machen. Um die Bedeutung ihres Vorhabens müssen sich die Äbte aus dem Kloster in Steingaden wohl von Beginn an bewusst gewesen sein, denn schon in den planerischen Anfängen und ersten Ausführungen scheuten sie keinen Aufwand und waren bereit, mit einem würdigen Bauwerk dem Anspruch und den Erfordernissen ihrer einmaligen Wallfahrtsstätte gerecht zu werden. Indiz dafür ist schon der Baubeginn unter Abt Hyazinth Gaßner, denn bereits dazu hatte mit Dominikus Zimmermann ein bekannter Architekt erste Projekte vorgelegt. Am 1. September 1749 weihte der Augsburger Bischof einen prächtigen zweigeschossigen Chor mit Arkaden und Emporen, blaugrauen Stuckmarmorsäulen und dem Hochaltar aus rotem Stuckmarmor. Schon im August war das Gnadenbild in diese neue Kirche übertragen worden. Der Chor hätte durchaus für sich allein bestehen können. Seit 1750 wurde jedoch weiter gebaut und unter der Leitung von Dominikus Zimmermann entstand in der Folge zu Füßen der Alpen eines der vollendetsten Kunstwerke des bayerischen Rokoko.

Die Wieskirche gilt heute als Hauptwerk des 1685 bei Wessobrunn geborenen Stuckateurs und Architekten. Die persönliche Verbundenheit mit der Wallfahrtskirche drückte er mit seinem Weggang aus Landsberg aus. Im Jahr der Einweihung des Kirchenbaus 1754 ließ sich Dominikus Zimmermann in der Nähe seines Meisterwerks nieder. In dem kleinen Haus unterhalb der Kirche, das ihm auch als Baubüro gedient hatte, wohnte er bis zu seinem Tode 1766.

Eine überragende architektonische Leistung gelang ihm mit dem fast ovalem Kirchenschiff, ein überwältigender Raum zwischen dem Chor im Osten und einer halbkreisförmigen Eingangshalle im Westen. Über acht Pfeilerpaaren, so genannten gekuppelten Pfeilern, erhebt sich ein mächtiges Spiegelgewölbe. Die Pfeiler stehen vor der Wand und vermitteln den Eindruck, scheinbar selbstständig ein im Raum schwebendes Gewölbe zu tragen. Tatsächlich sind aber Pfeiler, Gewölbe und Außenwand in einer raffinierten Konstruktion fest miteinander verbunden. Die „Auflösung" der konstruktiven Bauteile bei einem gewölbten Raum dieser enormen Ausmaße in ein filigranes und dekoratives Spiel des Rokoko ist eine ganz besondere Leistung, die

zuweilen auch als Raumwunder beschrieben wird. Die Raumzone hinter den Säulen ist weniger als Umgang gedacht, sondern eine wohl durchdachte „Lichtschale", denn die direkte und indirekte Beleuchtung aus Fenstern und Rundöffnungen sorgt für eine besondere Art der Beleuchtung.

Die heiteren Stuckaturen und prächtigen Malereien verbinden sich mit der Architektur zu einem

Der Evangelist Johannes mit dem typischen Attribut des Adlers ist eine von sechs überlebensgroßen, weiß gefassten Holzfiguren, die den Hochaltar schmücken. Die vier Evangelisten und die beiden Propheten hat der Augsburger Hofbildhauer Aegid Verhelst d.Ä. vermutlich 1748 geschaffen.

Selbst in dem mächtigen Zentralraum erweist sich die Wieskirche als filigranes architektonisches Gebilde. Im Gewölbe scheinen Stuck und Malerei einander zu durchdringen und erzeugen eine heitere und leicht bewegte Dekoration, deren Reichtum und Freiheit unerreicht sind.

einmaligen und harmonischen Gesamtkunstwerk. Dabei durchdringen sich sogar Fresken und Stuckarbeiten und erzeugen in aller Fülle und Kostbarkeit eine heitere und leicht bewegte Dekoration. Die verschwenderischen Stuckverzierungen stammen von Dominikus Zimmermann, das 1754 vollendete Deckenfresko von seinem Bruder Johann Baptist Zimmermann, dem Hofmaler des bayerischen Kurfürsten. Dargestellt ist der Himmel über der das Jüngste Gericht erwartenden Erde. Unterstützt wurden die beiden Persönlichkeiten von einem hervorragendem Team aus Künstlern und Kunsthandwerkern. Die farbige Fassung des Altarraumes und der Seitenaltäre des Kistlers Dominikus Bergmüller beispielsweise stammt aus der Hand des Steingadener Fassmalers Bernhard Ramis und seines Sohnes Thaddäus. Eine 1949 am nördlichen Seitenaltar entdeckte Urkunde gibt der Nachwelt spannende Informationen dazu: „Hab auch in der Kirchen von neiem wie es baut ist worden das Kohr und andere Sachen gemahlen und vergoldt in anno 1758/59…"

Die Wallfahrtskirche präsentiert sich heute in einem fast perfekten Erhaltungszustand. Weder die geschnitzten Kirchenbänke noch die Kanzel noch einer der eleganten Heiligen, die Architektur bevölkern, fehlen. Nur einmal war das bedeutende Bauwerk in ernster Gefahr: Unmittelbar nach der Säkularisation im Jahre 1803 sollte die „als ganz unnützes Gebäude" betrachtete Kirche versteigert und abgebrochen werden. Fast genau 100 Jahre später erweisen sich die Gutachter des königlichen Generalkonservatoriums, dem heutigen Bayerischen Landesamtes für Denkmalpflege, als bemerkenswerte Pioniere einer fortschrittlichen Denkmalpflege, die darum bemüht ist, das wertvolle Dokument einer vergangenen Kultur möglichst unangetastet zu erhalten: „Die Tönung der Stuccaturen der Wände bedarf ebenfalls nur der Ausbesserung… Jedenfalls ist auch hier nirgends eine Neubemalung, sondern nur eine Retousche der vorhandenen Farben vorzunehmen." Die letzte große Erhaltungsmaßnahme folgte diesem Geist streng konservatorischer Prinzipien. Nach der 1991 abgeschlossenen Musterrestaurierung erstrahlt die Wieskirche heute „nicht, wie es oft heißt, in neuem Glanz, sondern wieder in ihrem alten Glanz". (Prof. Dr. Michael Petzet, Generalkonservator des Bayerischen Landesamts für Denkmalpflege, 1992)

Weltkulturerbe Deutschland Aufnahme 1984

Schutt und Asche hinterließen die Soldaten des Sonnenkönigs Ludwig XIV. im Rheingebiet, als sie 1689 vor den heranrückenden brandenburgischen und holländischen Truppen zurückweichen mussten und dabei viele der strategisch wichtigen Befestigungsanlagen zerstörten. Von dieser „Politik der verbrannten Erde" waren auch die Stadt Brühl und

Schlösser Augustusburg und Falkenlust in Brühl

ihr mittelalterliches Wasserschloss betroffen. Ein Brand vernichtete fast die ganze Stadt und auch von der Burg war wenig übrig geblieben, „am gantzen Oberschloss … [fand sich] … wegen Brandt kein Tach noch Holtzenwerck". Die Anlage sollte im 18. Jahrhundert würdige Nachfolgebauten erhalten, Schlossbauten, die heute noch zu den bedeutendsten Schöpfungen des Rokokostils in Deutschland gehören.

*F*ür Clemens August, Erzbischof und Kurfürst zu Köln, gehörten Repräsentation, eine glänzende Hofhaltung und intensive Kunstpflege zu den zentralen Staatsaufgaben. Mit dem Rokokoschloss Augustusburg zu Brühl und seinen prächtigen Parkanlagen schuf er sich seine Lieblingsresidenz.

Schon 1715 hatte Joseph Clemens von Bayern (1671/1688 – 1723), Kurfürst von Köln, sich vorgenommen, in Brühl auf den Fundamenten der zerstörten Burg ein neues, eher einfaches Landschloss zu erbauen, eine „simple maison de campagne", so die ersten Vorstellungen des Kurfürsten. Pläne und Ideen dazu wurden wohl aus finanziellen Gründen nie ausgeführt. Erst sein Neffe und Nachfolger, Kurfürst Clemens August (1700/1723 – 1761), verhalf der Brühler Anlage zu dem heutigen neuen Glanz. Er schuf sich mit Schloss Augustusburg und dem nahe gelegenen Jagdschloss Falkenlust seine Lieblingsresidenz und hinterließ der Nachwelt mit diesen beiden Bauten und der großartigen Parkanlage Werke von europäischem Rang. Als hervorragendes Beispiel für die Schlossbaukunst des 18. Jahrhunderts wurden die Schlösser Augustusburg und Falkenlust 1984 in die Welterbeliste der UNESCO aufgenommen.

Clemens August hatte zunächst den westfälischen Architekten Johann Conrad Schlaun mit der Bauplanung für die Sommerresidenz betraut, die nach seinem zweiten Vornamen benannt wurde. Schlaun orientierte sich in seiner Planung eng an der mittelalterlichen Vorgängerburg, übernahm erhaltene Mauern und sogar den Rundturm an der Nordwestecke. Von 1725 bis 1728 entstand der Rohbau als Dreiflügelanlage. Das neue Schloss sollte wiederum von Wassergräben umschlossen werden, und auch an einen angepassten Wiederaufbau der Vorburg war gedacht. Die Augustusburg erhielt damit die – für das damalige Verständnis – „altertümliche" Gestalt einer Wasserburg.

Es ist nicht genau bekannt, was zwischen Clemens August und seinem Bruder Karl Albrecht, dem Kurfürsten von Bayern, besprochen wurde, als dieser 1727 in Brühl weilte. Es führte jedoch dazu, dass Karl Albrecht im folgenden Jahr seinen Hofarchitekten François de Cuvilliés und den Gartenkünstler Dominique Girard nach Brühl entsandte. In der Folge änderten sich die Baupläne für das Schloss grundlegend und es entstand ein Konzept, dem wir die heutige Anlage in Brühl zu verdanken haben.

Cuvilliés ließ die Wassergräben zuschütten und später auch die Rundtürme beseitigen, gestaltete den vorgefundenen Rohbau komplett um und verwandelte das Schloss in eine repräsentative Fürstenresidenz im Stil des Rokoko. Der Baumeister war in Frankreich geschult worden und gilt als Meister des Ornaments. Seit 1724 hatte er in München das Amt des Hofbaumeisters inne und an der Entwicklung des bayerischen Rokoko entscheidenden Anteil. Das Jagdschlösschen Amalienburg in München ist eines seiner stilbildenden Hauptwerke. Hier, wie auch in Brühl, beschäftigte er einen internationalen Künstlerstab. Mit Schloss Augustusburg

*E*in herausragender Künstlerstab, unter anderem auch der Würzburger Hofbaumeister Balthasar Neumann, schuf mit dem Treppenhaus einen der großartigsten Räume im Schloss Augustusburg.

Zu der ungewöhnlichen Ausstattung gehören auch die Hermenpaare – als Figuren ausgearbeitete Stützen –, die mit betont verspielter Leichtigkeit die Decke unterhalb des Gewölbes zu tragen scheinen.

gelang es ihm, im Rheinland eines der ersten Beispiele des Rokokostils in Deutschland zu etablieren.

Ein Prunkstück des Schlosses ist das Treppenhaus im Mittelflügel im Anschluss an das Vestibül. Es gilt als Bravourstück und prunkvoller Auftakt, der in seiner kostbaren Dekoration Materialien wie Marmor, Stuck, Schmiedeeisen und Stuckmarmor vereinigt und in dem überwältigenden Deckenfresko von Carlo Carlone gipfelt. Für die Konstruktion der Treppenläufe konnte Clemens August den berühmten fränkischen Architekten Balthasar Neumann gewinnen, der baubegleitend ab 1740 immer wieder zu Arbeitsaufenthalten in Brühl weilte, wo er seiner Meinung nach „die gnad gehabt, einige gute unterthänigste dienste zum gnädigsten vergnügen zu tun". Die Ausführung vor Ort überließ Neumann dem kurkölnischen Hofarchitekten Michael Leveilly und seinem ausgezeichneten Künstlerstab.

Das Treppenhaus war zu dieser Zeit ein wichtiger Ort für das Empfangs- und Regierungszeremoniell: Bei bedeutenden Anlässen musste der gesamte Hofstaat nach einem streng festgelegten Protokoll zum Empfang antreten. Der Blick des Besuchers wurde damals wie heute zu einer goldglänzenden Büste des Erbauers gelenkt, die umrahmt wird von einer aufwendigen Triumpharchitektur. Durch das umfangreiche Programm des Treppenhauses mit der Person des Kurfürsten vertraut gemacht, schritten dann der Gast und sein Gefolge in die Belétage mit dem anschließenden Staatsappartement empor.

Diese Raumfolge im 1. Obergeschoss war für repräsentative Staatsempfänge vorgesehen und wurde dieser Aufgabe entsprechend mit aufwendigen Stuckarbeiten und Malereien ausgestattet. Das offizielle Raumprogramm führt in den prachtvollen Gardensaal, den Speise- und Musiksaal und von dort durch zwei Vorzimmer zum Audienzsaal, dem aufwendigsten Raum des Staatsappartements mit brillanten Stuckarbeiten und Deckenmalereien. Treppenhaus, Gardensaal sowie Speise- und Musiksaal sind mit grandiosen Deckenfresken Carlo Carlones mit Motiven zu Ehren des Herrschers und seines Hauses geschmückt.

Eine zweite Raumfolge für offizielle Empfänge befindet sich im Erdgeschoss des Südflügels. Sie ist intimer ausgestattet und war für warme Sommertage gedacht, denn von hier aus gelangte man durch große Fenstertüren auf die im Süden vorgelagerte Terrasse und konnte die prachtvolle Gartenanlage genießen.

Die barocken Parkanlagen von Schloss Augustusburg waren von dem Gartenarchitekten Dominique Girard, einem Schüler André Le Nôtres, dem Gartenmeister Ludwigs XIV. von Frankreich, gemäß dem Ideal französischer Gartenkunst des Barock entworfen worden. Das von Blumenrabatten eingefasste Broderieparterre wird hinter dem Spiegelweiher von einem erhöhten Rundbecken mit hoch aufsteigender Fontäne abgeschlossen. Die ebenfalls von Girard entworfenen Gärten von Nymphenburg und Schleißheim sowie der Schlosspark des Wiener Belvedere zeigen vergleichbare Gestaltungselemente.

Die barocken Parkanlagen in Brühl waren 1843–1845 von dem preußischen Hofgartendirektor Peter Joseph Lenné nach den zeitgenössischen Idealen der Gartenkunst stellenweise in einen englischen Landschaftsgarten umgestaltet worden. Von 1933 bis 1937 sind die barocke Gartenkomposition Girards für das Parterre vor dem Schloss und die anschließenden Boskette rekonstruiert worden. Die unterschiedlichen Auffassungen des 18. und 19. Jahrhunderts von Gestaltung der Natur sind im Park von Schloss Augustusburg reiz- und kontrastvoll vereint.

Zu den prächtigsten Räumen des Jagdschlosses Falkenlust gehört das in chinoisem Stil aufwendig gestaltete Lackkabinett im Erdgeschoss. Ein berühmtes Porträt zeigt Clemens August mit einer zierlichen Tasse aus chinesischem Porzellan.

Zwei Gründe sollen Clemens August besonders dazu bewogen haben, seine Sommerresidenz in Brühl bauen zu lassen: Die Schönheit des Ortes und seine günstige Lage für die Jagd. Speziell für die Jagd mit Falken, die Clemens August mit großer Leidenschaft betrieb, ließ er das bezaubernde Jagdschloss Falkenlust errichten. Eine Allee von 1,5 km Länge führt von Schloss Augustusburg zum Eingangshof des Jagdschlösschens.

Clemens August war ein leidenschaftlicher Jäger, der alle Jagdarten mit großer Passion betrieb. Seine größte Leidenschaft galt jedoch der Falkenjagd. Falkenlustbusch heißt ein kleines ca. 1,5 km von Schloss Augustusburg entferntes Waldstück, in dem sich der Kurfürst nach den Plänen François de Cuvilliés noch während der Bauarbeiten an der Sommerresidenz zwischen 1729 und 1737 ein ganz privates Lustschloss errichten ließ. Das Jagdschloss Falkenlust ist ein kleiner, zweigeschossiger vornehmer Bau für Jagdausflüge und intime Soupers, aber auch für diskrete politische Geheimverhandlungen in erholsamer Abgeschiedenheit.

Im Erdgeschoss, in dessen Zentrum sich ein eleganter Salon mit abgerundeten Ecken befindet, versammelte sich die höfische Gesellschaft nach dem Jagdvergnügen zu Souper und Spiel. Hier bot sich auch eine Übernachtungsmöglichkeit für einen speziellen Gast, während das Obergeschoss als privater Rückzugsort dem Kurfürsten vorbehalten war.

Die kostbare Ausstattung des Jagdschlosses spricht mit filigranen Stuckarbeiten und feinen Malereien die bezaubernde Sprache des Rokoko. Das in chinoisem Stil aufwendig gestaltete Lackkabinett im Erdgeschoss und vor allem das Spiegelkabinett im Obergeschoss hatten im Jahre 1763 auch den jungen Mozart in Staunen versetzt.

Mit der der Einsiedlerin Maria Aegyptiaca geweihten Kapelle in der Nähe des Jagdschlosses schuf Pierre Laporterie, ein Künstler aus Bordeaux, ab 1730 einen Staunen erregenden Grottenraum, dessen Wände mit Muscheln und kostbaren Mineralien verkleidet sind.

Das Jagdschloss Falkenlust ist in seiner Größe, Ausstattung und Lage eine für das 18. Jahrhundert typische „maison de plaisance", ein fern der offiziellen Regierungsgeschäfte gelegenes Lustschloss für den privaten Rückzug Clemens Augusts. Sicher hatte ihn oft die „Falken-Lust" in die Abgeschiedenheit des Falkenlustbusches geführt; Gerüchten am Hof zufolge war das Schlösschen aber auch ein Ort delikater Abenteuer des Kurfürsten.

Als Clemens August im Jahre 1761 starb, waren die Arbeiten an Schloss Augustusburg noch im Gange und sollten erst unter seinem Nachfolger, Kurfürst Max Friedrich von Königsegg-Rothenfels (1708/1761 – 1784), vollendet werden.

Die Bevölkerung Kurkölns betrauerte den Tod des beliebten Fürsten trotz seiner aufwendigen Lebensweise zutiefst, denn „bei Clemens August trug man blau und weiß, da lebte man wie im Paradeis…"

Weltkulturerbe Deutschland Aufnahme 1985

Ein meterhoher kräftiger Rosenstock an der Apsis des Domes verkörpert für viele Hildesheimer das eigentliche Wahrzeichen der Stadt und genießt fast schon das gleiche Ansehen wie die großen Kirchenbauten. Die Geschichte um den legendären Rosenstock ist auch eine Geschichte zur Entstehung Hildesheims. Der Sage nach hatte sich näm-

Dom und St. Michael zu Hildesheim

Die kontrastreiche Turmlandschaft prägt die markante Silhouette der ehemaligen Benediktinerkirche St. Michael seit dem 11. Jahrhundert. Der westliche, im Bild halb verdeckte „Zwilling" der beiden gedrungenen Vierungstürme war seit dem 17. Jahrhundert nicht mehr vorhanden und ist erst bei den Wiederaufbauarbeiten nach den Zerstörungen im Zweiten Weltkrieg wieder rekonstruiert worden.

lich König Ludwig der Fromme bei einem Jagdausflug heillos verirrt. In seiner Verzweiflung hängte er ein mitgeführtes Reliquiar an einen wilden Rosenstrauch und betete davor. Tatsächlich wurde er von seinem Jagdgefolge gefunden und gerettet, was ihn veranlasste, aus Dankbarkeit an dieser Stelle eine Marienkapelle zu errichten. Die Romantik griff diese Legende auf und brachte sie mit dem „tausendjährigen Rosenstock" am Dom in Verbindung. Verbrannt und unter den Trümmerbergen des

Die berühmte Christussäule im Hildesheimer Dom, eine Bronzearbeit mit Reliefs des Wirkens Christi, ist ein Höhepunkt künstlerischen Schaffens aus der Zeit Bischof Bernwards. Beachtenswert ist auch die technische Leistung: Die Säulentrommel wurde in einem Stück gegossen.

Domes begraben, überlebte die Rose wie ein Wunder die vernichtenden Bombenangriffe im Zweiten Weltkrieg. Sie wurde ausgegraben, mit Ochsenblut getränkt und hatte schon 1947 wieder die ersten Blüten. Eine alte Volksmeinung besagt sogar, dass Hildesheim so lange bestehen wird, wie auch der Rosenstock gedeiht.

Seine historische Blütezeit erlebte die Stadt, 815 als Bischofssitz gegründet, unter der Herrschaft der Ottonen, die in den Jahren 919 bis 1024 die Macht im Reich innehatten. In dieser Zeit wurde die Klosterkirche St. Michael erbaut, die heute als Hauptbeispiel der Architektur des 11. Jahrhunderts und Schlüsselwerk der mittelalterlichen Kunst gefeiert wird. Zwei Jahrzehnte später – die salischen Kaiser hatten schon die Nachfolge der Ottonen angetreten – begann man, den Hildesheimer Dom neu zu bauen, der mit seinen großartigen Ausstattungsstücken als außergewöhnliches Zeugnis der religiösen Kunst im Heiligen Römischen Reich berühmt geworden ist.

Es waren aber nicht die Namen bedeutender Kaiser und Herrschaftshäuser des Mittelalters, die Hildesheim berühmt gemacht haben. Es ist vor allem der herausragenden Persönlichkeit und dem Wissen Bischof Bernwards zu verdanken, dass die Stadt einen ungeheuren kulturellen Aufstieg und Glanz erlebte. Sein Einfluss und seine Initiativen führten zu so beeindruckenden Ergebnissen in der Bau- und Bildkunst, dass heute oftmals sogar von der „bernwardinischen Zeit" gesprochen wird. Seine außergewöhnliche Gabe bestand darin, ganz unterschiedliche Fähigkeiten miteinander zu vereinen. Bernward hatte das Talent, zugleich kompetenter Politiker und engagierter „Manager", aber auch tief überzeugter religiöser Gottesmann und Künstler zu sein. Diese einmalige und fruchtbare Kombination machte es ihm möglich, nicht nur dem Kaiserhaus aktiv zu dienen und beinahe gleichzeitig die klösterlichen Werkstätten zu Höchstleistungen zu animieren, sondern auch einen der berühmtesten Kirchenbauten höchstpersönlich zu entwerfen.

Die Klosterkirche St. Michael, von Bischof Bernward konzipiert und ab 1010 erbaut, ist mehr als ein Musterbeispiel ottonischer Baukunst, denn sie setzt Zeichen für die Zukunft und ein neues Zeitalter in der Architektur. Nur das Grundkonzept, eine dreischiffige Basilika, ist traditionell. Neu ist die strenge Symmetrie mächtiger Baukörper im Osten und Westen, mit Querhäusern und Chören an beiden Seiten. Ausgewogen und trotzdem spannend ist die Turmlandschaft des Gebäudes inszeniert. Über jedem Querhaus steht ein mächtiger und gedrungener Turm als Blickfang, während vier eher schlan-

Zweimal ist der Hildesheimer Dom wieder auferstanden. Eine Brandkatastrophe ließ nur wenig von dem Dom aus dem 9. Jahrhundert übrig, der Neubau wurde 1945 zerbombt und musste fast vollständig wieder aufgebaut werden. Der aus dem 12. Jahrhundert stammende, zweigeschossige Kreuzgang, ein eindrucksvolles Ensemble niedersächsischer Romanik, überlebte den Zweiten Weltkrieg fast unzerstört.

ke Rundtürme die Giebelseiten der Querhäuser flankieren. Die Qualität und das Besondere der Klosterkirche sind nicht spektakuläre einzelne Formen, sondern die gesamte wohl durchdachte Gleichmäßigkeit, Ausgewogenheit und Symmetrie. Auch im Inneren gelang Bischof Bernward mit dem Wechsel von Pfeilern und paarweise angeordneten Rundstützen eine neue und fortschrittliche Gestaltung. Dieser so genannte „niedersächsische Stützenwechsel" war eine der erfolgreichsten Erfindungen der Kunst der späten Ottonenzeit.

Wie bei den meisten altehrwürdigen Bauwerken sind die Jahrhunderte auch an St. Michael nicht spurlos vorübergegangen. Immer wieder wurde im Zeitgeschmack verändert, ausgebessert und umgebaut. Diese Spuren seiner geschichtsträchtigen Vergangenheit sind bei den apokalyptischen Bombardierungen im März 1945 unwiderruflich verloren gegangen. Der Wiederaufbau war keine Frage. Nur wie sollte das Gotteshaus aussehen, das zu 50 % in Trümmern lag? Lange hat man überlegt und sich zuletzt dazu entschlossen, den Ursprungsbau des berühmten Hildesheimer Bischofs wieder aufleben zu lassen. Der Besucher blickt also heute auf das Idealbild eines Gotteshauses aus dem 11. Jahrhundert, rekonstruiert anhand der Baureste und historischer Bildunterlagen.

Im Innenraum ist die prachtvoll bemalte hölzerne Flachdecke mit der Darstellung des Stammbaums Jesu aus der Zeit um 1230 eine Rarität. Sorgfältig wurden die 1.300 Einzelteile der Decke 1943 ausgebaut und in Sicherheit gebracht und nach dem Krieg wieder eingebaut und restauriert. Bemerkenswerte Ausstattungsstücke sind auch die berühmten Chorschranken vom Ende des 12. Jahrhunderts.

Schon im 9. Jahrhundert ist in Hildesheim ein Dom überliefert, der jedoch 1046 einer verheerenden Brandkatastrophe vollständig, mit Ausnahme der heutigen Vierungskrypta, zum Opfer fiel. Auf den stehen gebliebenen Grundmauern errichteten die Bischöfe Azelin (1044–1054) und Hezilo (1054–1079) eine neue dreischiffige Basilika mit mächtigem Westwerk. Bis in das 19. Jahrhundert wurde der Dom immer wieder ausgebaut und neuen Geschmacksvorstellungen und Bedürfnissen angepasst. Die gotischen Seitenkapellen beispielsweise entstanden zwischen 1317 und 1333. An die barocke Innenaustattung aus dem frühen 18. Jahrhundert erinnern heute nur noch historische Ansichten. Das stolze Bauwerk wurde bei dem Bombenangriff am 22. März 1945 vernichtend getroffen. Die Zerstörungen waren die schwersten, die einem deutschen Dom im Zweiten Weltkrieg zugefügt wurden. Beim Wiederaufbau, der bis 1960 dauerte, war man vor allem darum bemüht, mittelalterliche Baureste zu erhalten und an die Frühgeschichte des mächtigen Kirchenbaues zu erinnern. Die weitgehend zerstörte Barockfassung musste aufgegeben werden.

Im Dom können heute zwei weltberühmte Kunstwerke aus der Zeit Bernwards bewundert werden, die sich vermutlich ursprünglich in St. Michael befanden. Eine bahnbrechende Leistung war den Werkstätten Bernwards mit den bronzenen Türen gelungen. Jeder Flügel wiegt fast vier Tonnen und ist in einem Stück gegossen worden. Auf den Vorderseiten stehen sich auf je acht Bildern Szenen aus dem Alten und Neuen Testament gegenüber, die wie eine Bilderbibel gelesen werden können. Sie nehmen heute den Rang eines der ersten Großwerke der deutschen Plastik ein. Nicht weniger bedeutend ist die bronzene Bernwardssäule, die ursprünglich mit einem Kapitell bekrönt war und als Kreuzträger diente. In einem spiralförmigen Reliefband sind Szenen aus dem Wirken Jesu bis zum Einzug in Jerusalem dargestellt. Hat die antike Trajansäule aus Rom Pate gestanden? Bernward hatte jedenfalls Gelegenheit dazu, sie eingehend zu betrachten, als er 1001 die Heilige Stadt besuchte.

Zu dem „Gesamtkunstwerk" St. Michael gehören auch seine außergewöhnlichen und herausragenden Ausstattungsstücke. Aus der Zeit um 1200 stammt die Chorschranke im westlichen Querschiff mit ihren beeindruckenden Stuckreliefs. Wegen der farbig gefassten Darstellungen von Engelsfiguren wird sie auch als „Engelschorschranke" bezeichnet.

Weltkulturerbe Deutschland Aufnahme 1986

Älteste Stadt Deutschlands nennt sich Trier stolz und feierte 1984 das 2000-jährige Jubiläum der Stadtgründung. Ihren unbestreitbar bedeutendsten Rang hat die Stadt in ihrer langen Geschichte in der römischen Epoche eingenommen. Als römische Provinzhauptstadt und Kaiserresidenz war sie einer der wichtigsten Verwaltungssitze des römischen

Römerbauten, Dom und Liebfrauenkirche in Trier

Die Porta Nigra, ein mächtiger Torbau aus dem 2. Jahrhundert, wurde im Mittelalter zur Simeonstiftskirche umgebaut. Dieser Umbau hat das Gebäude vor seiner Zerstörung bewahrt. Die Reste des um 1140 angebauten Chores zeugen noch heute von der einstigen „kirchlichen Umnutzung".

Imperiums. Gern wird sie deshalb bisweilen sogar als das „Zweite Rom" bezeichnet. Die Spuren von Jahren römischer Kultur prägen noch heute das Bild der Stadt. Nirgendwo sonst in ganz Deutschland gibt es eine solche Dichte von erhaltenen römischen Baudenkmälern, noch dazu in einer solch herausragenden Qualität, wie sie beispielsweise die Porta Nigra präsentiert, die als einzigartiges Werk römischer Architektur Weltruf erlangt hat. Seit 1986 ist Trier mit seinen außergewöhnlichen Zeugnissen der römischen Zivilisation Weltkulturerbe der UNESCO.

Bis zu 20.000 Zuschauer konnten auf den terrassenartig angelegten Sitzrängen des Amphitheaters im Osten der Stadt Platz nehmen. Die eindrucksvolle Arena wurde im Laufe des 2. Jahrhunderts zu Füßen des Petriberges gebaut. Im Mittelalter ist das Amphitheater, wie zahlreiche andere römische Bauten, als Steinbruch zweckentfremdet worden.

Der Aufstieg Triers zu einer der bedeutendsten Städte des römischen Imperiums ist eng mit einem der wichtigsten Ereignisse der Geschichte verknüpft, dem Ende der grausamen Christenverfolgung und dem Beginn der uneingeschränkten Verbreitung des christlichen Glaubens über die ganze Welt.

Einer Legende zufolge hatte Konstantin vor dem entscheidenden Feldzug gegen seinen Konkurrenten Maxentius im Kampf um die Staatsherrschaft an der Milvischen Brücke nahe Rom die Vision eines flammenden Kreuzes mit der Inschrift „in hoc signo vinces" („in diesem Zeichen wirst du siegen"). Daraufhin ließ er das Zeichen des Kreuzes auf den Schilden seiner Soldaten anbringen und konnte tatsächlich einen glanzvollen Sieg erringen. Dies überzeugte ihn von der Segenskraft des Gottes der Christen, die er von nun an tolerierte.

Trier war zu diesem Zeitpunkt Residenzstadt Konstantins und auf dem Weg zu einer Vorrangstellung innerhalb des römischen Reiches. Diesen ungewöhnlichen Aufstieg hat sie auch Konstantin zu verdanken, der seiner Residenzstadt mit einem ehrgeizigen Aufbauprogramm zu Ruhm und Ehre verholfen hatte. Ihm sind die berühmten und monumentalen Bauten zu verdanken, die noch heute die Denkmallandschaft Triers prägen: die Kaiserthermen, der Kaiserpalast und die Doppelbasilika erinnern eindrucksvoll an die konstantinische Ära in Trier.

Zu diesem Zeitpunkt konnte Trier schon auf eine 300-jährige ungewöhnliche Entwicklung unter römischer Herrschaft zurückblicken. Doch nicht die Römer waren die ersten Bewohner der sonnigen ausgedehnten Bucht an der Mosel. Lange vorher siedelten hier die Treverer, ein keltischer Volksstamm, der erstmals mit den Berichten Caesars

Die Kaiserthermen, unter Konstantin Anfang des 4. Jahrhunderts errichtet, gehörten zu den größten Badeanlagen des römischen Reiches. Sie sind allerdings nie vollendet worden. Noch heute zeugen die Reste der bedeutenden Anlage von der berühmten Badekultur der Römer.

über den Gallischen Krieg (58–50 v. Chr.) in das Licht der Geschichte tritt. Bis heute erinnert der Name Trier an seine einheimischen Vorfahren.

Kaiser Augustus erkannte die günstige Lage der alten Ansiedlung der Treverer und gründete 16 v. Chr. die römische Stadt „Augusta Treverorum". Nach römischer Tradition erhielt sie ein schachbrettartiges Straßensystem mit zwei Hauptachsen und einem Forum im Zentrum. Schon 41 n. Chr. ist sie eine „urbs opulentissima" – eine sehr reiche Stadt, wie der römische Schriftsteller Pomposius Mela bemerkte. Gegen Ende des 2. Jahrhunderts v. Chr. hatte sich die Stadt schon so weit ausgedehnt, dass eine Stadtmauer von 6.500 Metern Länge mit 47 Wachtürmen errichtet werden konnte. Gleichzeitig entstand die berühmte steinerne Römerbrücke, der erste römische Brückenbau nördlich der Alpen. Massiv aus Sandstein und Basalt errichtet, überdauerte sie die Jahrhunderte und hielt mit ihren Ausmaßen sogar den Belastungen des neuzeitlichen Verkehrs stand.

Im Zusammenhang mit dem Wachstum der Stadt entstand im 2. Jahrhundert auch die berühmte steinerne Römerbrücke. Die heute noch erhaltenen massiven Brückenpfeiler aus römischer Zeit erinnern an die zweite große Blütezeit der Stadt. Damals war Trier die größte Stadt nördlich der Alpen.

Im 2. Jahrhundert n. Chr. war aus der kleinen Römersiedlung der wirtschaftliche Mittelpunkt einer ganzen Landschaft geworden. Vom Wohlstand seiner Bewohner zeugen noch heute die mächtigen Bauten des öffentlichen Lebens. Wer Ruhe und Entspannung suchte, ging in die Barbarathermen, die in ihren Ausmaßen nur noch von den Caracallathermen in Rom übertroffen wurde. Thermen waren nicht nur Bade-, sondern auch Kommunikationszentren der Römer. Hier ließen sie sich mit heißen und kalten Bädern verwöhnen und machten Geschäfte oder hohe Politik. Einen weiteren Hinweis für den enormen Reichtum des städtischen Bürgertums gibt das Amphitheater. Nur in bedeutenden Städten mit ansehnlichen Ausmaßen wurden solche prestigeträchtigen Anlagen gebaut. Bis zu 20.000 Besucher konnten in der Arena bei Gladiatoren- oder Tierkämpfen Entspannung der typisch römischen Art suchen.

Der bedeutendste Einzelbau des 2. Jahrhunderts ist zweifellos die Porta Nigra, Wahrzeichen des römischen Triers und heute Ausgangspunkt jeder Stadtführung. Die schwarze Patina aus natürlicher Verwitterung, Ruß und den Folgen der Umweltbelastung haben dem Bauwerk den Beinamen „Schwarzes Tor" eingebracht. Die mächtige Torburg mit der palastartigen Fassade ist als einzige von ehemals vier Toren des alten „Augusta Treverorum" erhalten geblieben. Gerettet hat sie ein neuer Verwendungszweck im Mittelalter: Erzbischof Poppo von Babenberg nutzte die stabilen römischen Quader zum Einbau einer Doppelkirche. Anlass dafür war der spektakuläre Rückzug von der materiellen Welt des griechischen Einsiedlers Simeon. Auf eigenen Wunsch hatte er sich im Beisein von Volk und Geistlichkeit 1028 im Ostturm einmauern lassen. Mit seiner Heiligsprechung im Jahre 1047

stand das einst heidnische Monument unter dem besonderen Schutz der Kirche. Erst Napoleon I., mehr an einem vermeintlich gallischen Denkmal als an einem Kirchenbau interessiert, ließ die Porta Nigra 1804 bis auf die römische Bausubstanz freilegen. Von dem Kircheneinbau zeugen heute nur noch der doppelgeschossige Kreuzgang und der mittelalterliche Chor.

Im 3. Jahrhundert n. Chr. nahm die Bedrohung durch die Germanen an den rechtsrheinischen Grenzwällen zu. In dieser unruhigen Zeit residierte der gallische Sonderkaiser Postumus in Trier (258–268) und sorgte für zeitweisen kulturellen Aufschwung, denn Trier war damit Hauptstadt Galliens geworden.

Der Trierer Dom mit mächtiger Doppelturmfront und Westchor wurde 1040–1075 anstelle der konstantinischen Nordkirche erbaut. Der höhere Südturm hat sein zusätzliches Stockwerk um 1520 erhalten. Auch die bauliche Tradition der Liebfrauenkirche, die zusammen mit dem Dom eine reizvolle Doppelkirchenanlage bildet, reicht bis in das 4. Jahrhundert zurück.

Kaiser Diokletian – zusammen mit Nero und Domitian als gnadenloser Christenverfolger berüchtigt – gelang es endlich, mit einer strukturellen Reform die Situation im Reich zu stabilisieren. Rationalisierung, Einteilung in kleinere, effektiv und selbstverantwortlich arbeitende Regierungsbezirke, war sein Erfolgsrezept gegen den Verfall des riesigen Verwaltungsapparates. Trier profitierte enorm von dieser neuen Struktur, denn die Stadt wurde zur Hauptstadt des Westreiches ernannt, das sich vom germanischen Limes bis zum Atlantik und vom Hadrianswall bis an die Grenzen Mauretaniens erstreckte. Seit 293 residierte Constantinus Chlorus, der Vater Konstantins des Großen in der Stadt, die sich jetzt Treveris nannte.

Unter Konstantin stieg Trier zu größerer Schönheit auf als je zuvor. Aus dieser Zeit stammen auch die ältesten Teile des Trierer Doms, der heute zusammen mit der etwa 1235 errichteten Liebfrauenkirche eine künstlerisch reizvolle Einheit bildet. Die gemeinsame Wurzel der mächtigen Kirchenanlage sind die Reste einer ehemaligen Doppelkathedrale, die der Kaiser gegen 326 begonnen hatte. Reste davon verstecken sich immer noch in Fundamenten und Bauteilen der mittelalterlichen Nachfolgebauten.

Zu den eindrucksvollen Großbauten dieser Zeit gehört auch die Konstantinsbasilika, ein mächtiger Ziegelbau, der innen ursprünglich mit Mosaikfußböden, Marmorverkleidungen und Wandmalereien ausgeschmückt war. Mit dieser edlen Ausstattung war eine würdige und prachtvolle Umgebung für die Repräsentationspflichten des Kaisers gegeben. Auch für das körperliche Wohlbefinden rüstete der Kaiser in Trier auf. Die Kaiserthermen, unweit des ehemaligen Palastgartens gelegen, sind ein regelrechter Bäderpalast.

Nachdem sich Kaiser Konstantin als Alleinherrscher über das römische Reich durchgesetzt hatte, verlegte er seine Residenz nach Konstantinopel, doch bis 392 regierten noch römische Kaiser in Trier, zuletzt Kaiser Valentinian II. Unter dem Druck der germanischen Stämme musste die Kaiserresidenz nach Mailand und die Präfektur nach Arles in Südfrankreich verlegt werden.

Erst unter den Erzbischöfen im 10. Jahrhundert erlebt die Stadt einen neuen Aufschwung. Kirchen und Klöster bestimmen jetzt das Stadtbild. Doch trotz des römischen Niederganges haben sich wichtige steinerne Zeugen der einstigen Großmacht erhalten, zum Teil sogar in ihrer ursprünglichen Funktion und Nutzung. Andere bekamen eine neue Zweckbestimmung, wie die Horrea, einst mächtiger Getreidespeicher an der Mosel, der in das Nonnenkloster St. Irminen eingegliedert wurde. Die Porta Nigra entging als Kirchenbau einer Zerstörung.

Eine einmalige politische Kontinuität spiegelt sich an der Stelle der römischen Palastaula, der einstigen Residenz Konstantins, wider. Sie wurde Pfalz der Frankenkönige, von hier aus war der Erzbischof und Kurfürst für das Erzstift Trier zuständig und heute verwaltet die Bezirksregierung ebenfalls von hier den Regierungsbezirk Trier.

Weltkulturerbe Deutschland Aufnahme 1987

Die Aufnahme des mittelalterlichen Stadtkerns der Hansestadt Lübeck in die Liste der Welterbestätten der UNESCO 1987 setzte neue und außergewöhnliche Maßstäbe: Erstmals war in Nordeuropa eine ganze Altstadt als Weltkulturerbe anerkannt worden. Ausschlaggebend für diese Entscheidung war die markante Stadtsilhouette und die geschlos-

Die Altstadt von Lübeck

Die mächtige doppeltürmige Marienkirche und das Rathaus rechts daneben, gut erkennbar an den turmartigen Giebelspitzen, bilden noch heute eine besondere bauliche Attraktion der ehemaligen Hansestadt Lübeck. Schon im Mittelalter gehörte dieses Ensemble als Machtdemonstration bürgerlichen Selbstbewusstseins untrennbar zusammen.

sen erhaltene Bausubstanz ganzer zusammenhängender Stadtviertel. Im Mittelalter hatte sich Lübeck zur Königin der Hanse und zu einer wahren Perle der Backsteingotik entwickelt. Die Gebäude aus dieser Zeit waren vorbildlich für die Baukultur im gesamten Ostseeraum. Dieser exemplarische Charakter für die hansische Städtefamilie ist noch immer anschaulich erhalten.

Ein großer Reichtum an wertvollen Zeugnissen zur Bau- und Kulturgeschichte der Stadt liegt unberührt im „unterirdischen" Lübeck. Die Besonderheit Lübecks besteht darin, dass ein auf weiten

Mehrere historische Segelschiffe liegen seit einigen Jahren im Holstenhafen an der Untertrave vor der Kulisse hoch aufragender Giebel stattlicher Bürgerhäuser vor Anker. Diese einladende Idylle erinnert auch an die vergangenen Tage der Seefahrt und die Früchte des erfolgreichen Handels der einst mächtigen Kaufmannsstadt.

Flächen nasser Untergrund organische Materialien wie Bauhölzer, Leder, Pflanzen- und Tierreste, aber auch die sterblichen Überreste von Menschen ungewöhnlich gut erhält. Oft reichen die Kulturschichten mit den wertvollen Informationen bis in eine Tiefe von sechs Metern. Diesem „Bodenarchiv" sind bis heute revolutionäre Erkenntnisse zu verdanken, wie die aufsehenerregende Tatsache, dass schon mehrere Jahrhunderte vor der überlieferten deutschen Gründung der Stadt Germanen und vor allem Slawen an gleicher Stelle siedelten und das Bild des heutigen Lübeck vorgeprägt haben. Zu Recht ist daher auch der gesamte archäologische Untergrund der Hansestadt in das UNESCO-Votum miteinbezogen worden.

Lübeck wurde als erste deutsche Stadt an der Ostsee 1143 gegründet und 1159 unter Heinrich dem Löwen mit den noch heute überlieferten markanten Grundlinien neu angelegt. Bemerkenswert ist die Lage der Altstadt auf einem länglich ovalen, beinahe „schildkrötenartigen" Stadthügel, der fast vollständig von Gewässern umschlossen ist. Zur besonderen Bedeutung der Altstadt gehört auch ihr berühmtes Straßennetz: Wie bei einer Blattstruktur zweigen von den zentralen Hauptadern nach beiden Seiten fast parallel verlaufende Nebenstraßen ab. Dieses Straßennetz mit seiner bedeutenden Bebauung galt schon im Mittelalter als hervorragendes Zeugnis der Stadtbaukunst: „Alda sind zwue lang und weit gassen und daran schoene hewßer von ziegelstainen gepawt", heißt es in einer Beschreibung aus dem 15. Jahrhundert. Ihren Glanz hatte Lübeck auch fünfhundert Jahre später nicht verloren, „eine Stadt von Raritäten und interessanten Gebäuden, deren ehemalige Größe und Macht man sich deutlich versinnbildlichen kann, wenn man die unzähligen Überreste der alten Herrlichkeit hat kennen lernen", schrieb ein Reisender 1864 sichtlich beeindruckt. Nur einmal wendete sich das „Blatt": In der Nacht vom 28. zum 29. März 1942 wurde bei einem verheerenden Bombenangriff etwa ein Fünftel der Altstadt zerstört.

Die Marienkirche gilt als der Hauptbau norddeutscher sakraler Backsteingotik und Vorbild vieler Kirchenbauten im Ostseeraum. Beim Luftangriff 1942 auf die Stadt brannte der Kirchenbau fast völlig aus – untergehen sollte er aber nicht. Bei den langjährigen Wiederaufbaumaßnahmen wurde im Innenraum die mittelalterliche Ausmalung teilweise wiederentdeckt, teilweise nach Befund rekonstruiert.

Lübeck verdankt seinen raschen Aufstieg zur Drehscheibe des Handels in Nordeuropa auch seiner verkehrsgünstigen Lage an der Trave kurz vor deren Mündung an der Ostsee. Von 1230 bis 1535 war die Stadt eine der führenden Städte der Hanse, die das Handelsmonopol an Nord- und Ostsee innehatte, während gleichzeitig Venedig und Genua das Mittelmeer beherrschten. Noch bis nach 1800 hat Lübeck überragende Bedeutung als Handelsknoten zwischen West-, Nord- und Osteuropa. Die Macht und der Reichtum der Kaufleute spiegelte sich in aufwendigen Architekturen, einem heute einzigartigen und lebendigen Architekturmuseum mit Bauwerken von der Spätromanik bis zum Biedermeier. Auch vereinzelte Beispiele des Jugendstils und Historismus sind vorhanden.

Die Altstadt von Lübeck lebt von ganz unterschiedlichen Denkmalqualitäten. Straßenzüge und Plätze bilden herausragende architektonische Ensembles, genauso wie die berühmten Parzellen mit Ganganlagen und Stiftungshöfen. Daneben gibt es aber auch herausragende Einzelbauwerke, wie die Marienkirche oder den Dom, die schon für sich den Eintrag in die Welterbeliste gefunden hätten, so die Gutachter der UNESCO.

Eine der besonderen Gebäudegruppen bilden Rathaus und Marienkirche. Ab etwa 1250 bis 1350 war die Marienkirche im Auftrag des Rates der Stadt vollständig neu errichtet worden. Mit Blick auf die französische Kathedralgotik entstand die drittgrößte Kirche in Deutschland mit dem höchsten Backsteingewölbe der Welt. Als Ratskirche galt sie

Der Marktplatz mit seinem eindrucksvollen Rathaus zeugt noch immer von der Blütezeit Lübecks im Mittelalter, und auch in der Renaissance setzte sich der Repräsentationsanspruch der Bürger fort, wie der prächtige, aus Sandstein gearbeitete Treppenanbau aus dem 16. Jahrhundert zeigt.

Besonders bekannt geworden ist die Lübecker Altstadt wegen ihrer reichen Hinterlassenschaft aus der Zeit der Hochgotik. Etwa Mitte des 14. Jahrhunderts befand sich die Stadt auf dem Höhepunkt ihrer Größe und Macht und ganze Straßenzüge, besonders nahe der Marienkirche, waren von der Aufreihung steinerner Giebelhäuser geprägt. Steile gotische Dachwerke oder die beeindruckenden Hochblendgiebel zeugen noch heute von der besonderen Epoche und ihrem berühmten, namensgebenden Baumaterial, der Backsteingotik. Zu dieser Zeit waren auch alle Kirchen in hochgotischer Größe und Gestalt vollendet. Die viel bewunderte und oft abgebildete Silhouette der Stadt mit ihrer reichen Kirchenlandschaft hat ihr auch die Bezeichnung „Stadt der sieben Türme" eingetragen.

als kommunales, der Stadt verpflichtetes Bauwerk und war somit eine Machtdemonstration der kaufmännischen Oberschicht – auch gegenüber dem Klerus. Das Rathaus wurde ebenfalls mit einer repräsentativen Ansicht ausgestattet. Die Schaufassade mit ihren turmartigen Pfeilern wurde in Lübeck zur architektonischen Signatur bürgerlicher Selbstregierung und Ratsherrschaft.

In der Altstadt von Lübeck lassen sich heute nicht nur die ehemaligen städtischen Machtverhältnisse ablesen, sondern auch besondere soziale, wirtschaftliche und gesellschaftliche Strukturen. Überwiegend im Westen der Stadt siedelten anfangs die wohlhabenden Kaufleute und bauten ihre prachtvollen Giebelhäuser, während südliche Viertel und der Osten der Stadt hauptsächlich von Kleingewerbetreibenden und Handwerkern übernommen wurde. Eines der ältesten Patrizierviertel lag nahe der Marienkirche. Hier reihte sich bis zu den Kriegszerstörungen 1942 ein Giebelhaus an das andere.

Eine besondere Tradition und eigene bauliche Ausprägung haben die unterschiedlichen „sozialen" Einrichtungen der Stadt. Vom korporativen Standesbewusstsein der Kaufleute zeugen die Stiftungshäuser, private Stiftungen, die verarmten Witwen von Standesgenossen zugute kamen. Der Glandorps Hof oder der Haasenhof mit ihren Reihen kleiner Wohneinheiten zeugen von den humanen Wohn- und Kommunikationszentren. Nicht zu verwechseln sind die Stiftungshöfe mit den Wohngängen und ihren bekannten „Buden", in einfachen und meist erdgeschossigen Traufseithäusern mit Werkstätten oder Wohnungen für die Angehörigen unterer sozialer Schichten.

Zu den ältesten und bekanntesten sozialen Einrichtungen der Hansestadt zählt das um 1286 erstmals erwähnte Heiligen-Geist-Hospital auf dem Koberg. Das Gebäude diente als Kranken-, Siechen- und Waisenhaus, bis es später in ein Altersheim umgewandelt wurde. Die aufwendige und markante Fassade mit drei Giebeln und hochaufragenden Türmchen, vermutlich im 14. Jahrhundert fertig gestellt, ist weitaus mehr als reine Dekoration. Die repräsentative Schaufront sollte als Denkmal der erstarkten Ratsgewalt dem Stadtbild einen unverwechselbaren Akzent hinzufügen. Das Spital versinnbildlicht den Triumph des Rates, dem der Schachzug gelungen war, eine ihrer Natur nach geistliche Institution so zu reglementieren, dass sie nicht dem Bischof unterstand, sondern vom Bürgerrat kontrolliert wurde.

Das wohl bekannteste Wahrzeichen der Stadt Lübeck ist das Holstentor. Zusammen mit den nahe gelegenen Salzspeicherbauten am linken Traveufer bildet es ein monumentales Bauensemble, das eindrucksvoll an die Blütezeit der Machtentfaltung der Hanse erinnert. Der spätgotische Torbau, 1469–1478 errichtet, ist eindrucksvolles Denkmal für die Wehrhaftigkeit und den Reichtum der Freien Reichsstadt. Im 19. Jahrhundert stark verfallen, wäre es beinahe abgerissen worden. Heute zeigt es sich in einer Gestalt, die auch den Sinneswandel im 19. Jahrhundert dokumentiert. Aus der Ruine wurde der Inbegriff des mittelalterlichen Lübeck. Die Begeisterung bei der 1871 abgeschlossenen Restaurierung ging deshalb so weit, dass Detailformen am Mittelgiebel nach eigenem Mittelalterverständnis frei erfunden wurden. Heute beeindruckt es den Besucher vielleicht ebenso wie den Reisenden Michael Frank im Jahre 1590, der dazu schrieb: „Das Holsteiner Tor ist gewaltig schön erbauet wie ein Schloss, desgleichen in Deutschland nicht zu finden ist…"

Das mächtige Holstentor zählt zu den bekanntesten und bedeutendsten der erhaltenen Stadttore des Spätmittelalters in Deutschland. Seit 1863 trägt das Wahrzeichen Lübecks die Inschrift: CONCORDIA DOMI FORIS PAX – Eintracht drinnen, Friede draußen.

Weltkulturerbe Deutschland Aufnahme 1990

Malerische Landschaften, umgeben von Flüssen und Seen, mit prachtvollen Schlössern und romantischen Kleinarchitekturen bilden in Potsdam ein einzigartig schönes und wertvolles Ensemble von Kunst und Natur. Auf einer Hunderte von Hektar großen faszinierenden Landschaft liegen Bauwerke von herausragender Qualität. Die UNESCO hat die

Schlösser und Parks von Potsdam-Sanssouci

Sanssouci – der Name des Schlosses verrät die Träume Friedrichs II. von Einfachheit und Intimität. Mit der Grundsteinlegung zu dem „traumhaften" Rokokoschloss auf den Terrassen des Weinberges begann auch die allmähliche Umwandlung der umgebenden Havellandschaft zu einer großartigen Parklandschaft.

Kulturlandschaft der Schlösser und Gärten in Potsdam 1990 in ihre Liste des Weltkulturerbes der Menschheit aufgenommen.

Das Gartenreich in Potsdam spiegelt 300 Jahre Entwicklung und Wandlung von Architektur- und Gartenbaukunst und zugleich die bedeutendste Epoche eines der mächtigsten Herrscherhäuser in Europa wider, denn die kulturelle Blüte Potsdams ist vor allem seinen brandenburgisch-preußischen Regenten zu verdanken. Auf eine 500 Jahre lange Tradition kann dieses Herrscherhaus zurückblicken, ihre Kurfürsten, Könige und Kaiser sind weltbekannt. Auch der letzte deutsche Kaiser, Wilhelm II., gehörte dazu.

Rasenplätzen, Gärten und Alleen, zu dem großartigen Naturkunstwerk hat ihre ersten Anfänge unter Friedrich II. (1740–1786) und seinem Wunsch nach einer Sommerresidenz. Zwei Kilometer vor der Stadt entstand in den Jahren 1745–1747 Schloss Sanssouci, heute weltweit ein Inbegriff für die Bau- und Gartenkunst des Rokoko und ein Denkmal für das Leben und die Philosophie des großen preußischen Herrschers „Sans souci", ohne Sorge. Hier konnte er nicht nur Regierungsgeschäften nachgehen, sondern auch mit seinen Freunden zusammen sein, schreiben, musizieren und komponieren. Den Rahmen dazu gab ein intimes, einfach gehaltenes Gartenschloss mit zwei Seitenflügeln und einem zentra-

*F*anfaronade" – Prahlerei nannte Friedrich II. selbstironisch sein 1763/69 errichtetes Neues Palais im Park von Sanssouci. Vielleicht meinte er damit auch die verschwenderische und zum Teil höchst ungewöhnliche Ausstattung der Festsäle in diesem Schloss. Die Wände des so genannten Muschelsaals sind mit Muscheln, Fossilien, Mineralien und Korallen dekoriert.

Der Aufstieg Potsdams begann schon unter dem „Großen Kurfürsten" Friedrich Wilhelm (1640–1688) mit dem Bau einer Residenz und einer klugen, weit reichenden politischen Entscheidung: Mit der Unterzeichnung des Potsdamer Edikts 1685 machte er den Weg frei für die Zuwanderung Tausender von Hugenotten, hoch qualifizierte Fachleute, die zu einem Grundpfeiler der aufstrebenden wirtschaftlichen Entwicklung des Landes werden sollten. Friedrich Wilhelm I. (1713–1740) setzte die Entwicklung konsequent fort und wird daher auch gern der „Schmied der Machtstellung Preußens" genannt. Nach zwei Stadtbauprogrammen war Potsdam weiter gewachsen und bot weiteren Zuwanderern eine neue Heimat. Auch die Garnison in der Stadt wurde erheblich vergrößert.

Die Umgestaltung der Potsdamer Havellandschaft, eine Ansammlung von Wäldern, Sümpfen und Seen, ein unorganisches Nebeneinander von

len Kuppelbau. Der staunende Besucher hat heute beim Anblick des eindrucksvollen Gebäudes, elegant über Weinbergterrassen gelegen, den Eindruck prächtigster Architektur. „Einfach" hieß jedoch zu dieser Zeit keineswegs Verzicht auf edle Ausstattung und kostbare Materialien. Unter „einfachem Schlossbau" verstand das 18. Jahrhundert ein ebenerdiges Hauptgeschoss, kurze Verbindungen von Raum zu Raum, wenig Gänge, Säle und Treppenhäuser – weniger Dienerschaft –, dafür aber mehr Privatleben. Diese Vorstellung des „Maison de Plaisance", eines intimen Lustschlosses, setzte Friedrichs bekanntester Hofbaumeister Georg Wenzeslaus von Knobelsdorff in engem Austausch mit den Wünschen seines Bauherrn elegant in die Tat um.

Der Ort wurde wahrlich zu einem Zentrum der Musen und einem Synonym für das intellektuelle Preußen. In dem prächtigen, kuppelbekrönten Marmorsaal fanden die berühmten Tafelrunden statt,

Gedankenaustausch und Unterhaltung zwischen bedeutenden Persönlichkeiten, Künstlern und Wissenschaftlern. Voltaire war nur einer der berühmtesten unter diesen Gästen. Als Ergebnis seines Besuchs in Sanssouci 1747 schrieb Johann Sebastian Bach eines der schönsten Kammermusikwerke der musikalischen Weltliteratur, das dreizehnteilige „Musikalische Opfer c-Moll".

Schloss Sanssouci gehört mit zu dem ältesten Teil der Potsdamer Kulturlandschaft und ist das Herzstück einer grandiosen Parkanlage. Sie wurde bis 1770 zu einer Größe von fast 300 Hektar erweitert und mit prächtigen Gebäuden ausgestattet. Eindrucksvoll und harmonisch fügen sich Bauwerke wie die Bildergalerie und die Orangerie – seit 1771 trägt sie den Namen Neue Kammern – in die Parklandschaft ein. Dazu kamen auch kleinere Gebäude wie das exotische Chinesische Haus, ein verspielter Lusttempel im Süden des Parks.

Eine weitere Prachtentfaltung erfuhr der Park nach den Wirren des Siebenjährigen Krieges (1756–1763). Als Höhepunkt einer zwei Kilometer langen Hauptallee ließ Friedrich der Große mit dem Neuen Palais ein repräsentatives Schloss mit einer 213 Meter langen Front und über 200 Räumen für die königliche Familie und Gäste des Hofes errichten. Mehrere kleinere tempelartige Gebäude und Pavillons schmücken zusätzlich den neu erschlossenen Park.

Doch Potsdamer Gärten bedeuten weit mehr als Sanssouci: Mit Babelsberg, dem Neuen Garten, der Pfaueninsel und Park Glienicke in Berlin ist es heute ein wahres Gartenmekka, da auch nach dem Tode Friedrich des Großen die Gestaltungsfreude und Liebe zur Potsdamer Gartenkultur nicht abriss. Sein Nachfolger Friedrich Wilhelm II. (1786–1797) hatte schon die Pfaueninsel im Norden Potsdams mit dem Weißen Schlösschen, einem romantischen doppeltürmigen Ruinenbau, in ein „Märchen, ein rätselvolles Eiland, eine Oase", wie Theodor Fontane schwärmte, verwandelt.

Einen bedeutenden Ausbau mit neuartigen Strukturen und Bebauungen erfuhr die Potsdamer Landschaft im 19. Jahrhundert unter Friedrich Wilhelm III. (1797–1840) und Friedrich Wilhelm IV. (1840–1861). Es entstanden romantische Landschaftsparks nach dem Vorbild des englischen Gartens und eine Reihe von Einzelbauwerken, die von der Antike bis zur Neuzeit ein Lesebuch der bedeutendsten Geschichtsepochen repräsentieren, wie zum Beispiel das nach Plänen Schinkels 1824 umgebaute gotische Kavaliershaus auf der Pfaueninsel.

Das jüngste Schloss ist das im englischen Landhausstil 1917 fertig gestellte Schloss Cecilienhof im Neuen Garten am Ufer des Jungfernsees. Es erlangte 1945 weltgeschichtliche Bedeutung als Schauplatz der Konferenz von Potsdam, dem Zusammentreffen der Regierungschefs der Siegermächte des Zweiten Weltkrieges.

Eine große Anzahl bedeutender Künstler formte die Potsdamer Parklandschaft zu ihrer heutigen

Zahlreiche Skulpturen schmücken die Parklandschaft von Sanssouci. Der Bogenschütze steht vor der Neuen Orangerie, die im 19. Jahrhundert nach Ideen von König Friedrich Wilhelm IV. errichtet worden war. In seinem Aufriss erinnert das Bauwerk an die Villa Medici in Rom.

Schloss Cecilienhof entstand zwischen 1913 und 1917 unter der Leitung des Architekten Paul Schultze-Naumburg im Stil eines englischen Landhauses als Wohnsitz für die Familie des letzten Kronprinzen des Deutschen Reiches Wilhelm. Benannt wurde das Schloss nach dessen Gemahlin Cecilie.

Schönheit, doch zwei berühmte Namen prägen diese neue Epoche des Potsdamer Gartenreiches ganz besonders: Karl Friedrich Schinkel (1781–1841) und Peter Josef Lenné (1789–1866).

Mit Karl Friedrich Schinkel verewigte sich einer der berühmtesten Baumeister des deutschen Klassizismus in Potsdam. Mit dem Umbau von Schloss Glienicke 1826 schuf er eines seiner schönsten Werke und aus Schloss Charlottenhof im Park Sanssouci entstand unter seiner Hand ein Meisterstück des schlichten Klassizismus.

Peter Josef Lenné machte am Potsdamer Hof eine ungewöhnliche Karriere. Innerhalb von zwölf Jahren stieg er zum alleinigen Gartendirektor auf. Eine Reihe von Lennés Grünanlagen um Potsdam entstanden im Zusammenhang mit Visionen Friedrich Wilhelms IV. (1840–1858), der davon träumte, die gesamte Gegend in einen einzigen großen Landschaftspark zu verwandeln. „Der Herzog in Dessau hat aus seinem Land einen großen Garten gemacht", schrieb Friedrich Wilhelm IV. an Lenné, „dazu ist mein Land zu groß. Aber aus der Umgebung von Berlin und Potsdam könnte ich nach und nach einen Garten machen … Entwerfen Sie mir einen Plan." Diese Idee traf sich mit dem alten Wunsch Lennés, das ganze Havelgebiet „aufzuschmükken … und alles vereinzelt Schöne … durch eine verschönerte Landschaft harmonisch zu vereinigen".

Peter Josef Lenné legte mehrere Pläne dazu vor und bis zu seinem Tode 1866 fügten sich schon große Teile zusammen: der Neue Garten und der umgestaltete Park von Sanssouci, die Pfaueninsel, die Schlossparks von Glienicke, Babelsberg, Sacrow und Caputh, die Pfingstberganlage und der Park Lindstedt. Damit war eine alte Idee des 17. Jahrhunderts wieder lebendig geworden: „Das ganze Eyland muss ein Paradies werden", hatte schon 1664 Johann Moritz von Nassau Siegen, der Statthalter von Kleve, seinem Freund Friedrich Wilhelm geschrieben.

So berühmte Namen wie Friedrich Wilhelm, der „Große Kurfürst", oder Friedrich Wilhelm I., der „Soldatenkönig", und Friedrich II., als „Friedrich der Große" bekannt, führten Preußen an die Spitze der europäischen Staaten. Sie formten ein Staatswesen mit den heute noch viel zitierten preußischen Tugenden wie Gehorsam, Disziplin, Pflichtbewusstsein und Pünktlichkeit, aber auch mit freiheitlich aufklärerischen Erneuerungen in der Bildung, der religiösen Toleranz und einer gerechten Justiz. In Potsdam gelang ihnen mit dem weltweit einzigartigen Schlösser- und Gartenparadies eine kulturelle Spitzenleistung.

Weltkulturerbe Deutschland Aufnahme 1991

In der kleinen Ortschaft Lorsch, zwischen Mannheim und Darmstadt gelegen, steht mit der so genannten Königshalle eines der bedeutendsten Relikte der vorromanischen Baukunst in Deutschland. Das Gebäude ist eines der ganz wenigen Denkmäler der Karolingerzeit, das über die Jahre hinweg sein ursprüngliches Aussehen bewahrt hat.

Kloster Lorsch

Als „Märchenvogel eines versunkenen Landes, der sich hier niedergelassen hat", bezeichnete der Dichter Werner Bergengruen die Königshalle und meinte damit die mosaikartige Fassadengestaltung

Viele Rätsel zur Entstehungszeit und Funktion der so genannten „Königshalle" in Lorsch sind bis heute noch ungelöst. Mit ihrem reichen Fassadenschmuck erinnert sie an die vergangene Größe einer einst mächtigen Klosteranlage. Aus der Zeit nach dem Klosterbrand von 1090 stammt der Mittelschiffsrest der Klosterbasilika im Hintergrund.

aus weißen und rötlichen Sandsteinen. Diese Dekoration und besondere architektonische Qualitäten verleihen dem Bauwerk den Charakter eines überdimensionierten kostbaren Schreins: drei Bögen auf Stützpfeilern bilden eine eindrucksvolle Arkadenstel-

Der Kapitelbeginn des Matthäus-Evangeliums zeigt beispielhaft die Kostbarkeit des berühmten Lorscher Evangeliars. Das wertvolle Schriftwerk ist mit Goldtinte auf Pergament geschrieben und farbenprächtig illustriert. Um 810 war es im höfischen Skriptorium Karls des Großen angefertigt worden.

lung im Erdgeschoss, zusätzlich betont und eingerahmt mit hohen halbrunden Säulen mit prächtigen Kapitellen in antiker Tradition. Weit weniger monumental und eher zurückhaltend ist die filigrane Blendarkatur mit Dreiecksgiebeln im Obergeschoss. Die zartgliedrigen Pilaster und Spitzgiebel scheinen wie ein zierliches Gitter vor der Wand zu liegen.

Es gehört zur besonderen Tradition der karolingischen Baukultur, Stile verschiedener Zeitstellung zu vereinen und damit den königlichen Herrschaftsanspruch wirkungsvoll in Szene zu setzen. Die Lorscher Königshalle wird gern als das „römischste" aller erhaltenen Bauwerke des karolingischen Imperiums bezeichnet. Keineswegs jedoch haben die Baumeister in Lorsch römische Architektur nachgeahmt, vielmehr sind es raffinierte Zitate und Anspielungen, wie die antikische Säulenstellung und der triumphbogenartige Durchgang, die den Bezug zum alten Weltreich herstellen.

Die seitlich angebauten Treppentürme erschließen eine Halle im Obergeschoss mit Freskenresten und Wandmalereien aus mittelalterlicher und gotischer Zeit. Mit dieser prächtigen Ausstattung muss es sich um einen wichtigen Repräsentationsraum gehandelt haben. Die heute gängigen Bezeichnungen Königshalle oder schlicht Torhalle beruhen auf reinen Vermutungen, denn das Gebäude verschweigt uns seine Funktion und auch der Grund für sein Entstehen ist immer noch ein Geheimnis. War es wirklich eine Königshalle, ein Empfangsraum für hoch gestellte Gäste, oder ein Gerichtssaal, möglicherweise ein Kirchenraum – vielleicht sogar eine Bibliothek? Dies sind nur einige von vielen Rätseln, die das Gebäude umgeben. Nur eines ist ganz sicher: Das Bauwerk war ursprünglich frei stehend und Bestandteil eines der mächtigsten karolingischen Reichsklöster, der Benediktinerabtei Lorsch.

Trotz umfangreicher Kenntnisse zur Bedeutung der Lorscher Anlage weiß man überraschend wenig über das Aussehen der Klostergebäude, denn nur wenig haben die Wechselfälle der Politik und der Dreißigjährige Krieg übrig gelassen. Mit immer neuen Forschungsprojekten und Ausgrabungen werden deshalb große Anstrengungen unternommen, um herauszufinden, welche Gebäude einst an diesem historischen Ort gestanden haben. Mit Erfolg konnten punktuelle Grabungen schon in den Jahren 1890 bis 1937 dem Boden einige Geheimnisse zu der Abfolge der Gebäude entlocken: Demnach stand die Königshalle als westlicher Abschluss vor einem lang gestreckten Atrium mit einer dreischiffigen Basilika im Osten. Wie diese Gebäude ausgesehen haben, ist immer noch rätselhaft.

*N*eben den baulichen Resten erzählen auch einzelne steinerne Relikte von der Geschichte des großen Klosters. So auch der Ludwig dem Deutschen (gest. 876) zugeordnete Sarkophag mit seinen eleganten Reliefs, die sehr an den Fassadenschmuck der „Königshalle" erinnern.

Ein wahrer Fundus für das Verständnis der mächtigen Abtei ist die ehemalige Klosterbibliothek. Von den Beständen einer der größten Bibliotheken des Mittelalters haben sich noch etwa 300 Handschriften erhalten, die heute allerdings weltweit verstreut sind.

An ein Positionspapier zur aktuellen Gesundheitspolitik erinnert das „Lorscher Arzneibuch" mit Forderungen nach Kostendämpfung und gestaffelten Gebührensätzen. Mehrere Hundert Pflanzennamen nennt das älteste medizinische Buch Deutschlands aus dem 8. Jahrhundert. Die Klosterbibliothek besaß auch das berühmte „Lorscher Evangeliar", eine prachtvoll ausgestattete, ganz in Goldtinte geschriebene Evangelienhandschrift aus dem Hofskriptorium Karls des Großen, die um das Jahr 810 entstanden sein muss. Von unschätzbarem Wert für die historische Spurensuche ist auch der berühmte „Lorscher Codex", Klosterchronik und Urkundensammlung gleichermaßen mit 235 Pergamentblättern.

In ihren Schriften haben die Äbte auch Bautätigkeiten festgehalten, leider aber nur in Ausschnitten und unvollständig. Dennoch helfen uns diese Überlieferungen, Momente aus einer weit zurückliegenden, fremdartigen Zeit lebendig werden zu lassen und Einblicke in die spannende Geschichte der berühmten Klosteranlage zu gewinnen.

„Im Jahre 764 nach des Herrn Fleischwerdung regierte Pippin, der König der Franken, im 12. Jahre. In diesem Jahr stifteten Cancor, der berühmte Graf des Oberrheingaus, und seine fromme und gottwohlgefällige Mutter Williswinda, die Witwe des Grafen Rupert, das Kloster Lorsch auf der Insel, die jetzt Altenmünster genannt wird", berichtet der „Lorscher Codex" zur Gründung der Abtei.

Kaum möchte man heutzutage an eine Insel in der Lorscher Landschaft glauben. Tatsächlich aber lag das neu gebaute erste Kloster damals in einem Feuchtgebiet am Flüsschen Weschnitz und war ständig vom Hochwasser bedroht. Man gab diesen Standort deshalb bald wieder auf, zumal das Kloster auf der kleinen Insel dem Andrang der Besucher auf Dauer nicht mehr gewachsen war. Die Neubaupläne wurden durch eine Stiftung unterstützt. Großzügig hatte der Bruder Cancors dem Kloster einen Bauplatz geschenkt, der nur wenige hundert Meter entfernt auf einer überschwemmungsfreien Düne lag. Angefangen mit den Neubauplänen überschlugen sich in der Folgezeit die Ereignisse und machten aus dem ehemals kleinen adeligen Eigenkloster eines der berühmtesten Geistes- und Kulturzentren des Frankenreiches.

Ein wichtiges historisches Ereignis auf diesem Weg war der Erwerb der Reliquien des hl. Nazarius, eines Soldaten des römischen Heeres, der als Märtyrer gestorben war. Nun war ein neues, für den Reliquienschatz angemessenes Gotteshaus dringend notwendig geworden. Bei der feierlichen Weihe der Kirche 774 war Karl der Große persönlich anwesend, eine politische Machtdemonstration, die aller Welt vor Augen führte, dass in Lorsch karolingische Königsgewalt am Wirken war. Die Bedeutung des Klosters nahm weiter zu, als ihm der König juristische Sonderrechte verlieh. Er gewährte der Abtei „ …die Privilegien der Freiheit, der Reichsunmittelbarkeit und den Mönchen des Klosters auf ewige Zeiten das Recht der freien Abtwahl", so der „Lorscher Codex". Das hohe politische und geistige Ansehen des Klosters festigte sich auch in einer handfesten wirtschaftlichen Machtstellung: 3.800 Besitztümer, die als Schenkungen an das Kloster gingen, verzeichnet der „Lorscher Codex". Sie erstreckten sich von der Nordsee bis an die Alpen. Peinlich genau notierten die Mönche sämtliche Äcker, Wälder und die dazugehörigen Dörfer. Bis 1232 blieb Lorsch Königskloster, seit 876 war es sogar Grablege der Könige des ostkarolingischen Reiches.

tum Mainz, verliert Lorsch einen Großteil seiner Privilegien und seines Besitzes. In der Reformationszeit wird das Kloster aufgehoben, die Gebäude werden verlassen und stehen leer. Mit dem Dreißigjährigen Krieg wird der Untergang des ruhmreichen Klosters besiegelt, als spanische Truppen plündernd und zerstörend das Gelände heimsuchten. Nach dieser Verwüstung wurden Mauern abgetragen und in der Umgebung als Baumaterial verwendet, die Kirche als Speicher zweckentfremdet.

Heute erinnern nur noch die Königshalle, ein Teil der romanischen Kirche und bescheidene Reste des mittelalterlichen Klosters an die vergangene Größe der ehemals glanzvollen Anlage. Seit 1991 ist das Kloster Lorsch zusammen mit den archäologischen Resten des nahe gelegenen Klosters Altenmünster Weltkulturdenkmal der UNESCO.

Nicht nur die wenigen steinernen Überreste halten die Geschichte des Klosters lebendig. Seit 1995 sorgt das Museumszentrum Lorsch in unmittelbarer Nachbarschaft zur Königshalle in eindrucksvoller Weise dafür, dass die Erinnerung an die pulsierende Klosterstadt wach gehalten und vertieft wird.

Der kolorierte Kupferstich Matthäus Merians des Älteren ist ein ganz außergewöhnliches Dokument. Er zeigt das Kloster Lorsch um 1615 und ist die einzige bekannte authentische Ansicht des Klosters vor der nahezu vollständigen Zerstörung im Jahre 1621.

Ein erster Schicksalsschlag ereilte die Mönche 1090 in Form einer verheerenden Brandkatastrophe. Im 13. Jahrhundert wendete sich das Blatt endgültig und es setzte ein langsamer und unaufhaltsamer Niedergang der benediktinischen Ära ein. Schon 1232, mit der Eingliederung in das Erzbis-

Mit Spannung werden auch die laufenden Ausgrabungen verfolgt, denn man weiß nie, ob ein völlig unerwarteter Befund einzelne Bereiche des Klostergeländes in einem völlig neuen Licht erscheinen lässt.

Weltkulturerbe Deutschland Aufnahme 1992

Am 30. Juni 1988 verließ der letzte beladene Förderwagen den Rammelsbergschacht. Der Reichtum einer der ältesten und bedeutendsten Stätten des deutschen Bergbaus war erschöpft. Bis dahin hatten in einer über 3.000 Jahre langen Geschichte unzählige Generationen fast 30 Millionen Tonnen Erz aus der Tiefe des Berges geholt, zuletzt bis zu

Erzbergwerk Rammelsberg und Altstadt von Goslar

Der Blick auf die Übertageanlagen des Erzbergwerks Rammelsberg von Westen zeigt die gestaffelte Anordnung der Gebäude aus den 30er-Jahren des 20. Jahrhunderts. Unterhalb der Hangaufbereitung öffnet sich der untere Zechenhof in der Art eines cour d´honneur, eines Ehrenhofes.

Der Rathstiefste Stollen aus dem 12. Jahrhundert zählt zu den ältesten unter den am besten erhaltenen Stollen des deutschen Bergbaus. Heute kann man als Besucher des Museums DER RAMMELSBERG die farbenprächtigen Vitriole in dem einzigartigen Denkmal bewundern.

Die vor allem unter Heinrich II. im 11. Jahrhundert angelegte Kaiserpfalz wurde zwar 1868–1879 durchgreifend erneuert, besitzt jedoch immer noch wesentliche Bestandteile der mittelalterlichen Bausubstanz. Die Lieblingsresidenz Kaiser Heinrichs III. (1038–1056) zählt heute zu den wertvollsten Zeugnissen romanischer Profanarchitektur.

1.000 Tonnen am Tag. Die Metallerzlagerstätte des Rammelsbergs war die weltweit größte zusammenhängende Kupfer-, Blei- und Zinkerzlagerstätte. Ebenso wurde hier Silber gefördert. Über Jahrtausende haben die Schätze des Berges die Geschichte und Entwicklung einer ganzen Kulturlandschaft maßgeblich mitbestimmt. „Ihrem Bergwerk" verdankt die Stadt Goslar ihren herausragenden Platz in der Geschichte deutscher Kaiser und Könige und ein reiches und überregional bedeutendes Stadtbild.

Diese Zusammenhänge kannte auch Johann Wolfgang von Goethe. Inoffiziell, gleichsam als Spion wollte er die Erfolgsgeschichte des Bergwerks erkunden. Unter „Projekte zur heimlichen Reise" hatte er seine Mission im Tagebuch verzeichnet, bevor er unter falscher Identität im Winter 1777 den Rammelsberg erkundete. Wissenschaftliches Interesse, aber auch regierungspolitische Zwänge hatten ihn zu dieser Reise in den Harz veranlasst. Der als Herr Weber getarnte Goethe war keineswegs als Maler unterwegs, wie er vorgab, sondern als Minister des Hofes zu Weimar und mit der Sondermission betraut, den Kupfer- und Silberabbau im thüringischen Ilmenau neu zu beleben. Am 5. Dezember 1777 hatte er deshalb „den ganzen Berg bis ins Tiefste befahren", in der Hoffnung, seinem hoch verschuldeten Arbeitgeber ein Erfolgsrezept mitbringen zu können.

Heute ist jeder „Spion" in Rammelsberg willkommen und wird mit einem modernen und besonderen Konzept mit der Geschichte und Technik dieses einmaligen Denkmals vertraut gemacht, denn mittlerweile ist der Rammelsberg ein Besucherbergwerk und Bergbaumuseum. Das bedeutende Industriedenkmal gehört mit ca. 20.000 qm Fläche zu den größten Museen Deutschlands. Der Rammelsberg kann ein einzigartiges Ensemble an unter- und übertägigen Anlagen vorzeigen, darunter mit dem Maltermeisterturm den ältesten erhaltenen Übertagebau des deutschen Bergbaus. Dazu gehört auch der Rathstiefste Stollen, der um 1150 in vermutlich zirka 30-jähriger Arbeit durch tausend Meter Dunkelheit getrieben worden war. Das so genannte Feuergezäher Gewölbe aus dem ausgehenden Mittelalter zählt zu den ältesten ausgemauerten Grubenräumen Mitteleuropas. Eine besondere Attraktion ist das Roeder-Stollen-System aus dem 18./19. Jahrhundert mit seinen drei mächtigen Wasserrädern. Von welchen Mühen, Schicksalen und grandioser Technik der Berg in seinem Inneren heute erzählt, ist von außen kaum zu erahnen. Lang gestreckte und geschickt gestaffelte Gebäudegruppen, eine höchst individuelle Leistung der Architektur der 30er-Jahre des 20. Jahrhunderts, lassen eher eine Kuranlage vermuten, als ein gewaltiges Erzbergwerk.

Beeindruckt aber muss Goethe seinerzeit wieder nach Weimar zurückgekehrt sein und auch ein wenig neidisch, fast schon verärgert, „hatten doch die alten Sachsenkaiser mit ihren Silberbergwerken einmal ihre Vorrangstellung in Deutschland begründet; deshalb hausten sie in den Pfalzen bei Goslar, bauten ihre Kirchen um den Harz herum und herrschten von da über die anderen Fürsten, die keine solche metallische Macht im Rücken hatten".

Das Erzvorkommen ist in der Tat der Ursprung aller Tätigkeiten am Rammelsberg und im nahe gelegenen Goslar, was auch urkundlich schon sehr früh bezeugt wird. Von „venas argenti" schreibt der Corveyer Mönch Widukind in einer Chronik aus dem Jahre 986. Nicht zuletzt das Erzvorkommen mögen Heinrich II. dazu veranlasst haben, zu Beginn des 11. Jahrhunderts seine Pfalz von Werla nach Goslar zu verlegen, denn aus dem Silber des Berges ließen sich kaiserliche Münzen prägen. Damit begann Goslars Aufstieg zu einem florierenden Zentrum wirtschaftlicher und politischer Macht. Seine Nachfolger, die Salier Konrad II. und vor allem Heinrich III., schufen jene eindrucksvolle Pfalzanlage, die heute zu den architektonischen Höhepunkten Deutschlands zählt. Der mächtige Pfalzbau war der größte und sicherste Residenzort sächsischer und salischer Kaiser, die von Pfalz zu Pfalz wanderten, um ihre Macht im gesamten Herrschaftsgebiet durch persönliche Präsenz zu demonstrieren. Für Heinrich III. war Goslar ein Lieblingsstützpunkt. Über zwanzig Mal stattete er mit Familie und Gefolge der Pfalz einen Besuch ab. Der Chronist Lampert von Hersfeld bestätigte diese Größe und Beliebtheit bereits 1077/78, als er der Pfalz den Beinamen „berühmtester Wohnsitz des Reiches" gab. Auch dreiundzwanzig glanzvolle Reichstage spielten sich in ihren Mauern ab. Das Ende mit Schrecken brachte ein Brand 1289, der das Bauwerk bis „in den grunt", d.h. bis auf die Grundmauern, zerstörte. Ihre große politische Bedeutung hatte die Pfalz allerdings schon Jahre zuvor verloren. Im 18. und 19. Jahrhundert verfiel das geschichtsträchtige Gebäude zusehends, ganze Bauteile stürzten ein. „Was hinsank, blieb liegen, soweit es nicht zu Bauten in der Stadt verschleppt wurde." Dem beherzten Eingreifen der hannoverschen Regierung 1860 ist die Rettung und Wiederherstellung der Pfalz in ihrem heutigen Aussehen zu verdanken. Der Wiederaufbau symbolisierte im Gedankengut des 19. Jahrhunderts auch die Wiedergeburt des Deutschen Reiches. Die Pfalz war damit deutsches Nationaldenkmal geworden.

Vom Aufstieg der Stadt zur Hauptresidenz im Heiligen Römischen Reich Deutscher Nation zeugt auch der Kaiserthron in der romanischen Vorhalle der ehemaligen Stiftskirche St. Simon und Judas. Hier ist heute allerdings eine Kopie ausgestellt, das Original kann in der Kaiserpfalz bewundert werden: die Seiten und Rückenlehnen sind aus dem Kupfer des Rammelsbergs gegossen, ein Meisterwerk mittelalterlicher Erzgießerarbeit. Die Stiftskirche, besser bekannt als der Goslarer Dom, hat sich nicht erhalten. Seine Aufbauten fehlen heute in der einzigartigen Silhouette der Stadt, die in ihrer Blütezeit mit den Türmen von 47 Kirchen und Kapellen weithin sichtbar war. Sie galt als Zentrum christlichen Glaubens und trägt deshalb zuweilen den Ehrentitel „Nordisches Rom".

Ihre höchste Blüte erlebte die Stadt Goslar im 15. und 16. Jahrhundert. Das florierende Bergwerk, ausgedehnte Handelsbeziehungen und die Mitgliedschaft in der einflussreichen Hanse führten zu Wohlstand und Reichtum. Das Denkmalensemble am Marktplatz mit Rathaus und dem Gildehaus der Tuchhändler und Gewandschneider, die so genannte Kaiserworth, ist nur eines von vielen erhaltenen Beispielen städtischen Selbstbewusstseins dieser Zeit. Zahlreiche Stadtkirchen, Stadtbefestigungsanlagen, das ehemalige Bergmannsviertel am Frankenberg und prächtige Altstadthäuser mit kunstvoll geschnitztem und verziertem Fachwerk zeugen heute von der großen Zeit des Bürgertums.

Mit ihrem guten Erhaltungszustand ist die Altstadt von Goslar ein einzigartiges Gesamtkunstwerk mit fast 1.500 Fachwerkgebäuden, von denen ca. 170 aus der Zeit vor 1550 stammen. So zählt Goslar heute nicht ohne Grund zu den schönsten und bedeutendsten Fachwerkstädten in Deutschland. Der historische Reichtum ist jedoch damit noch längst nicht erschöpft. Auch einige ältere Raritäten, z.B. Steingebäude aus dem 12. Jahrhundert, lassen sich in den engen und malerischen Gassen der Altstadt entdecken.

Das Gebäudeensemble am Marktplatz in Goslar ist ein eindrucksvolles Zeugnis bürgerlichen Selbstbewusstseins im Spätmittelalter. Das Rathaus – vor den Türmen der Marktkirche – wurde in der zweiten Hälfte des 15. Jahrhunderts während der zweiten Blütezeit des Bergbaus am Rammelsberg neu errichtet. Die so genannte „Worth", das reich geschmückte Gildehaus der Tuchhändler und Gewandschneider (am linken Bildrand), entstand 1492.

Die UNESCO hat das Erzbergwerk Rammelsberg zusammen mit der mittelalterlichen Altstadt von Goslar 1992 in die Liste der Welterbestätten aufgenommen und damit die Bedeutung einer herausragenden Kulturlandschaft unterstrichen. Zu Recht galt diese Würdigung in erster Linie dem Erzbergwerk, dem Schicksalsberg der Stadt und einer ganzen Region, mit seiner Vielfalt von Hunderten von Jahren alten und außergewöhnlich gut erhaltenen Relikten und einem der fortschrittlichsten Museumskonzepte zur Erhaltung und Präsentation dieser einzigartigen Vergangenheit. Wie wirklichkeitsnah und lebendig der Rammelsberg heute noch ist, verblüffte sogar einen ehemaligen Kumpel: „Das sieht ja so aus wie in Betriebszeiten."

Weltkulturerbe Deutschland Aufnahme 1993

Bamberg gilt heute weithin als Barockstadt. Diesen Ruf verdankt sie einer besonderen wirtschaftlichen und kulturellen Blüte vor allem im 18. Jahrhundert, die das Bild der Altstadt maßgeblich geprägt hat und dem einmaligen Umstand, dass sich die Zeugnisse dieser Epoche bis heute erstaunlich gut erhalten haben. Als eine der wenigen deut-

Die Altstadt von Bamberg

schen Städte hat Bamberg den Zweiten Weltkrieg vergleichsweise unbeschadet überstanden.

Mit diesem guten Erhaltungszustand repräsentiert die Bamberger Altstadt heute beinahe eintausend Jahre Architekturgeschichte und städtebauliche Entwicklung. Der große Bestand an authentisch er-

Majestätisch überragen die vier Türme des Bamberger Doms die Dächer der verwinkelten Altstadt von Bamberg. Den lang gestreckten monumentalen Residenzbau daneben mit seinem turmartigen Eckbau, dem so genannten „Vierzehnheiligenpavillon", ließ sich Fürstbischof Lothar Franz von Schönborn bis 1703 errichten.

haltenen Denkmälern gibt einen einzigartigen Einblick in die Stadtgeschichte und spiegelt zugleich das Leben von Menschen, eingebettet in politische Strömungen, kulturelle Wandlungen und in ihre unterschiedlichsten wirtschaftlichen und sozialen Bedingungen über einen Zeitraum von hunderten von Jahren.

Ein Rathaus mitten im Fluss dürfte in Deutschland einmalig sein. Der Legende nach mussten die Bürger diesen Bauplatz wählen, weil ihnen der Bischof keinen Zollbreit von seinem Grund und Boden abgeben wollte. Das im Kern mittelalterliche Gebäude erhielt seine heutige prächtige Fassadengestaltung in der Barockzeit. Damals war auch das Fachwerk des so genannten „Rottmeisterhäuschens" verputzt.

Das Altstadtensemble Bambergs ist ein Erbe von überragender, übernationaler Bedeutung. Mit der ungewöhnlichen Dichte und Fülle ganz unterschiedlicher Baudenkmäler aus dem 11.–18. Jahrhundert bleiben architekturgeschichtliche Momente lebendig, die ganz Europa betrafen. Die Baukunst in Bamberg wirkte über Mitteldeutschland bis nach Ungarn und zeigte in der Barockzeit enge Verbindungen nach Böhmen. Ihre überregionale Bedeutung und Modellhaftigkeit war ein wesentlicher Grund für die Aufnahme in die Liste der Welterbestätten der UNESCO 1993.

Die Altstadt von Bamberg repräsentiert in einzigartiger Weise eine mitteleuropäische Stadt, die sich auf einer frühmittelalterlich „offenen" Grundstruktur erhalten hat. Vielleicht vermisst der Besucher in Bamberg die „typisch mittelalterlichen" Attribute wie Stadtmauern, Türme und Zinnen. Doch zu einem geschlossenen Befestigungsring, der die gesamte Stadt panzerte und damit eng umgürtete, kam es in Bamberg nie und so gehört sie heute zu den wenigen Städten, die den Charakter ihrer Gründungszeit bewahrt haben.

Die Entscheidung Heinrichs II., Bamberg 1007 zum Bischofs- und kaiserlichen Herrschaftssitz zu erheben, war zutiefst politisch und religiös motiviert. Der Herrscher erhob Anspruch, Kaiser der Römer, Europas und – nach damaligem Verständnis – Kaiser der ganzen Welt zu sein und Bamberg sollte seine Hauptstadt werden. Das konnte sie aber nach mittelalterlichem symbolischen Denken nur, wenn hinreichend Bezug zur damals wichtigsten Stadt, nämlich Rom, gegeben war. Der erste Bau des Bamberger Domes macht dieses Vorhaben am deutlichsten: Nicht zufällig ist er dem hl. Petrus geweiht und mit dem liturgischen Hauptchor gegen alle Bauregeln nach Westen ausgerichtet. Die berühmte Bischofskirche galt als Kopie der Peterskirche in Rom. War Rom auf sieben Hügeln errichtet, so plante man in Bamberg ebenso. Die „sieben Hügel Bambergs" sind großteils mit beeindruckenden monumentalen Baudenkmälern bestückt. Dazu gehören zum Beispiel das Benediktinerkloster St. Michael, die Stiftskirche St. Stephan, das Stift St. Jakob auf dem Jakobsberg oder die Obere Pfarrkirche auf dem Kaulberg, dazu St. Gangolf in einer waldreichen Ebene. Nach mittelalterlichem Verständnis kam es nicht auf die exakte Zahl Sieben an. Viel wichtiger war der symbolische Fingerzeig. Dieser Gedanke verband sich mit einem anderen: Die Bamberger Kirchen bilden im Stadtgrundriss die Form eines Kreuzes, der geplante und beabsichtigte Bezug zum Grundrissmuster des Himmlischen Jerusalem der Apokalypse des Johannes. Das war keineswegs ungewöhnlich oder neu. Auch die karolingische Klosterstadt Fulda, Hildesheim und Paderborn sind nach diesem Prinzip errichtet worden. Mit diesem Hintergrund lässt sich verstehen, warum Bamberg mit seinem überwiegend barocken Erscheinungsbild zu Recht das Prädikat einer typisch mittelalterlichen, offenen Stadt erhalten hat.

Das historische Stadtbild wird vom Barock dominiert, aber nur scheinbar. Er ist wie ein Kleid der Stadt übergeworfen, ein zarter und eleganter Schleier über einer älteren Substanz. Zu verdanken hat die Stadt diesen reichen Schmuck der Neuzeit hauptsächlich den Bischöfen aus dem Hause Schönborn. Mit Lothar Franz von Schönborn und seinem Nachfolger Friedrich Karl von Schönborn kamen erfolgreiche und politisch mächtige Persönlichkeiten mit einem ehrgeizigen Aufbauprogramm für die Stadt auf den Bamberger Bischofsstuhl. Oft gegen den Widerstand der „schläfrigen Franken" modernisierten sie mit einem Reformprogramm die Verwaltungs- und Wirtschaftsstrukturen. Die Schönborns waren auch berühmt als leidenschaftliche Bauherren und Kunstfreunde, Bauen war für sie „ein Teufelsding, denn wenn man einmal angefangen, danach nicht mehr aufhören kann". Eines lag ihnen besonders am Herzen: der Ausbau Bambergs zu einer modernen Fürstenresidenz. Doch eine neue Stadt nach den zeitgenössischen Idealen symmetrischer absolutistischer Anlage konnten sie im verwinkelten mittelalterlichen Bamberg nicht aus dem Boden stampfen. Mit sanftem Druck und dem Anreiz erheblicher Steuernachlässe gelang ihnen jedoch eine Modernisierung der Bürgerhäuser. Die Altstadt von Bamberg erhielt ihr barockes Kleid, ein Schmuckgewand aus prächtig verputzten und zum Teil reich stuckierten Fassaden, hinter denen fast immer noch das mittelalterliche Fachwerkhaus verborgen ist. Auch barocke Neubauten bereicherten das Stadtbild, dem Anspruch der neuen Zeit entsprechend massiv aus Sandstein errichtet. Zur behutsamen barocken Systematisierung gehörte auch die Anlage und der Ausbau einer Straßenachse vom Osten der Stadt, dem Abzweig der wichtigsten Handelsstraße Nürnberg–Leipzig bis hin zum Domplatz. Beim Gang von der heutigen Kettenbrücke über die Fußgängerzonen zum Dom lassen sich noch heute die aufwendigen Barockfassaden und Neubauten dieser Zeit bewundern, wie zum Beispiel das ehemalige Priesterseminar und das Katharinenspital am heutigen Maxplatz, bedeutende Bauwerke nach Plänen Balthasar Neumanns. Dieser Weg führt „durch" ein bekanntes Wahrzeichen der Stadt, dem berühmten ehemaligen Rathaus auf der Regnitzinsel, reich ausgestaltet mit seinen bemalten Fassaden. Endpunkt und Höhepunkt dieses Weges ist die fürstbischöfliche Residenz. Bei der Planung und beim Bau des mächtigen Bauwerks, ganz nach dem Geschmack absolutistischer Schlossarchitektur, war der Blick des Fürstbischofs nach Böhmen und vor allem nach Wien gerichtet. Von hier kamen nicht nur wichtige künstlerische Impulse, die Stadt an der Donau galt als das „nova Roma". Mit diesem Anspruch lagen die barocken Herrscher ganz in der Tradition der mittelalterlichen Gründungsväter der Stadt.

Welchen König stellt der Bamberger Reiter dar? Über dieses Rätsel der wohl bekanntesten Plastik im Bamberger Dom haben sich Generationen von Forschern den Kopf zerbrochen, ohne es aber wirklich lösen zu können. Nur so viel ist sicher: Pferd und Reiter waren ursprünglich farbenprächtig und lebensecht bemalt.

Eine Beschreibung des Jahres 1635 nennt Bamberg einen „großen und weitläufigen Ort, gleichsam von unterschiedlichen Städten". Die unterschiedliche Ausprägung und Individualität einzelner Altstadtbereiche sind noch heute ein einmaliges reizvolles Markenzeichen der Stadt.

Die auf „sieben Hügeln" im Westen gelegene Bergstadt hat mit ihren monumentalen Kirchenbauten bis heute ihren klerikalen Charakter bewahrt. Wenn auch nicht an höchster Stelle gelegen, so ist der im 13. Jahrhundert geweihte Dom mit seiner berühmten Bauplastik und der Fülle an bedeutenden Kunstwerken im Domlnneren wie dem berühmten Bamberger Reiter noch immer eine Hauptattraktion für den Besucher.

Zwischen Regnitz und Rhein-Main-Donau-Kanal liegt die so genannte Inselstadt, eine planmäßig angelegte Stadterweiterung aus dem 12. Jahrhundert. Sie gilt heute – im Gegensatz zur Bergstadt – als die eigentliche Bürgerstadt, auch wenn diese Unterteilung nicht ganz korrekt ist, denn die ältesten Handwerkerviertel und Behörden wie das Stadtgericht

Eine besondere erhaltene Rarität in der historischen Altstadt Bambergs sind noch immer genutzte landwirtschaftliche Flächen. Bis in das frühe 19. Jahrhundert wurde in Bamberg an den Hängen des Berggebiets sogar Wein angebaut. „Häcker" nannten sich damals die fränkischen Winzer. Schon im 14. Jahrhundert war die Stadt auch ein bekanntes Zentrum des Gartenbaus, eine „Ackerbürgerstadt". „Keine Landschaft Deutschlands erzeugt mehr und größere Zwiebeln, keine größere Rüben und Kohlköpfe", berichtet der Chronist Johannes Boemus im frühen 16. Jahrhundert. Der Weinanbau ist heute fast verschwunden, aber für seinen hochwertigen Gemüseanbau aus dem zentrumsnahen so genannten Gärtnerviertel im Osten der Stadt ist Bamberg immer noch bekannt.

Nähert man sich heute Bamberg von weitem, ist man beeindruckt von dem Bild seiner vielen Kirchtürme, den Wahrzeichen der „Caput Urbis", der Hauptstadt der Welt, mit ihren Symbolen des himmlischen Jerusalem. Kaum kann der Besucher ahnen, dass das Stadtzentrum auch eine Landwirt-

Klein Venedig nennt sich eine der Hauptattraktionen im romantischen Bamberg, ein Ensemble reizvoller Fischerhäuser mit malerischen Fachwerklauben, winzigen liebevoll begrünten Gärtchen und Bootsanlegestellen an der Regnitz.

und die Münzstätte lagen am Fuße des Domberges. Das Alte Rathaus, heute ein oft abgebildetes Wahrzeichen der Stadt, dokumentiert bürgerliches Selbstbewusstsein. Nicht ohne Grund steht es an einer wichtigen Schnittstelle: an der Grenze zwischen geistlicher Berg- und weltlicher Inselstadt.

schaft mit kleinen Gärtnerhäusern, die der Fürstbischof im 18. Jahrhundert wegen ihrer Eingeschossigkeit „gar nicht leiden" konnte, als reizvollen und bedeutenden Bestandteil des Weltkulturerbes zu bieten hat.

**Weltkulturerbe Deutschland
Aufnahme 1993**

Im 19. Jahrhundert schwärmte E. Paulus von der idyllischen Lage des Klosters Maulbronn, „an der südwestlichen Seite des Stromberges, in der Lücke zwischen Schwarzwald und Odenwald, mit seinen vielen, reich bewaldeten Kuppen und schmalen, von der Welt abgeschiedenen, aber sommerlich warmen Thälern".

Kloster Maulbronn

Die Luftaufnahme zeigt die beachtliche Größe und bauliche Vielfalt der am vollständigsten erhaltenen Klosteranlage nördlich der Alpen. Aus der Vogelperspektive wird verständlich, warum oft sogar von einer kleinen „Klosterstadt" die Rede ist. Der steile Dachreiter markiert die Klosterkirche mit dem daneben liegenden Ensemble der Klausurbauten.

Eine reizvolle Landschaft inmitten intakter Natur mit guter Infrastruktur und Verkehrsanbindung, wie sie die Landschaft um Maulbronn aufzuweisen hat, wären heute ideale Voraussetzungen für Ansiedlungen oder Neubauprojekte. Doch genau das Gegenteil lag den Mönchen im 12. Jahrhundert am Herzen, als sie das Salzachtal für den Bau eines Klosters wählten. Abgeschieden musste ein Zisterzienserkloster liegen, fernab jeglicher Zivilisation. „Keines unserer Klöster ist in Städten, Kastellen oder Dörfern zu errichten, sondern an entlegenen Orten, fern vom Verkehr der Menschen", lautet das erste Kapitel der Bau- und Kunstbestimmungen des Ordens. Herausgegeben und aktualisiert wurden diese Bestimmungen bei den jährlichen Versammlungen der Äbte in Cîteaux, ihrem Mutterkloster. Von Cîteaux leitete sich auch der Name der Zisterzienser ab. Zwingend vorgeschrieben war auch eine von Menschenhand unberührte Natur, denn die Bewirtschaftung und Kultivierung einer Landschaft war für diesen Orden ein Teil seines Gottesdienstes, ein Credo, das in der Folge die Agrarkultur Europas prägen sollte.

In schlichter Schönheit präsentiert sich die Südseite der Maulbronner Klosterkirche. Für den ursprünglichen, vermutlich 1147 begonnenen Bau, ist das Jahr 1178 als Weihedatum überliefert. Die Kapellenanbauten des südlichen Seitenschiffes kamen erst im 15. Jahrhundert dazu.

Die Geschichte der Abtei begann vermutlich im Jahre 1138. Ritter Walter von Lomersheim wollte auf seinem Land ein Kloster gründen und in mönchischer Abgeschiedenheit sein Leben verbringen. Dazu stiftete er sein Erbgut Eckenweiher dem Zisterzienserorden. Die anfangs sehr bescheidene Stiftung nahm 1147 eine entscheidende Wendung, als der Speyrer Bischof Gunther dem Kloster ein größeres Besitztum des Speyrer Domkapitels in Maulbronn stiftete und das Kloster dorthin verlegte. Im Gründungsjahr Maulbronns 1147 kam Abt Dieter mit einem kleinen Trupp Zisterziensermönche und einigen Laienbrüdern im entlegenen Salzachtal

*D*er Blick vom Kreuzgang in das Brunnenhaus zeigt die eindrucksvollen gotischen Maßwerkfenster aus der Erbauungszeit im 14. Jahrhundert. Der dreischalige Brunnen, in seiner heutigen Form der Inbegriff eines mittelalterlichen Klosterbrunnens, ist eine relativ freie Rekonstruktion des 19. Jahrhunderts. Nur die unterste, aus Sandstein gearbeitete Schale, stammt aus dem Mittelalter.

an und begann eine Kirche und erste Klausurbauten zu errichten. Nur zwölf Mönche begleiteten ihren Abt, denn „Zwölf Mönche, mit dem Abt dreizehn, sollen zu dem neuen Kloster entsendet werden", schrieb Kapitel 12 der Regel vor. Von diesem historischen Augenblick an haben 390 Jahre Mönche in Maulbronn gelebt, gebaut und gearbeitet.

Was die Zisterziensermönche schufen, ist einmalig – und scheinbar für die Ewigkeit, denn durch glückliche Umstände hat sich ihr Werk so gut erhalten, dass die Abtei Maulbronn heute als am besten erhaltene Klosteranlage nördlich der Alpen gilt. In der Abgeschiedenheit des Salzachtales hinterließen sie nicht nur eine Kulturlandschaft mit Stauseen, Weinbergen und Steinbrüchen, sondern auch ein architektonisch herausragendes Klosterensemble von enormer Bedeutung für die Architekturgeschichte im gesamten mitteleuropäischen Raum. Durch den guten Erhaltungszustand lassen sich Leben und Arbeit des Ordens vom 12. bis ins 16. Jahrhundert modellhaft nachvollziehen. Die nahezu unberührte Situation ermöglicht sogar die Rekonstruktion von zahlreichen anderen Klosteranlagen, die sich nur noch verstümmelt erhalten haben. Seit Dezember 1993 steht das Kloster Maulbronn deshalb zu Recht auf der Liste der UNESCO als Weltkulturdenkmal.

Die Zisterzienser entstanden als Folge einer mönchischen Reformbewegung im 11. und 12. Jahrhundert mit dem Ziel, die strenge klösterliche Lebensführung in Armut und Askese wieder aufleben zu lassen. Eigentlich sollten diese Ideale selbstverständlich sein, denn sie waren schon seit Jahrhunderten und besonders mit der Aufstellung der Klosterregeln des hl. Benedikt verbindlich geregelt. Doch Einsamkeit und Fleiß hatte die Mönche immer wieder in das kuriose Dilemma geführt, gerade dadurch zu Ansehen und Reichtum zu gelangen. Die Reformer riefen daher zu einem radikalen Kampf gegen jeden Luxus auf, der die Aufmerksamkeit von der Betrachtung Gottes ablenkt. Unter der geistigen Führung von Bernhard von Clairvaux, einer Persönlichkeit von ungewöhnlichem theologischen Scharfsinn, unbegrenzter Tatkraft und grenzenlosem Askeseverlangen hatte die neue Bewegung unglaublichen Erfolg. Die Mönche begannen alle Einsamkeiten Europas von Irland bis an die Grenzen des russischen Reiches nach Pflanzstätten für neue Klöster abzusuchen.

Klosterbau und Klosteranlage waren einheitlich und funktional geregelt, damit das geistige und wirtschaftliche Tagesgeschäft reibungslos ablaufen konnte. Die Klosterstadt mit ihren Handwerksbetrieben und Wohngebäuden ist klar gegliedert, die Gebäude sollten eher gleichartig aussehen. Nur der Kirche wurde wegen ihrer Größe eine Sonderstellung zugestanden. Bau- und Kunstluxus waren nach der Regel verboten, denn „was sollen im Kreuzgang bei den lesenden Brüdern jene lächerlichen Monstrositäten, die unglaublich entstellte Schönheit und formvollendete Hässlichkeit?", wetterte Bernhard von Clairvaux gegen Aufstellung von Skulpturen.

Alle Zisterzienserklöster sollten nach den Regularien an Bachläufen in Tälern liegen, nie auf Bergen oder an Seen und großen Flüssen, nie am Meer oder auf einer Insel. Unter den Händen der Mönche erblühte die Natur in der Regel zu einem Meisterwerke der Landschaftsplanung. In Maulbronn zeugen heute noch das umfangreiche Seen-, Graben- und Kanalsystem von der hoch entwickelten Landwirtschaft, der Fischzucht und der Wasserbautechnik. Schon im 12. Jahrhundert behauptete der Abt selbstbewusst: „Unsere Weinfässer sind größer als die Wohnungen ägyptischer Mönche und unsere Fruchtspeicher geräumiger als ihre Klöster." Deutete sich hier etwa schon die Abkehr von den asketischen Ursprungsidealen an?

Auch an ihrem Kloster hatten die Mönche schon eifrig gebaut und im Jahre 1178 eine dreischiffige Basilika im Stil der oberrheinischen Spätromanik geweiht, ganz ohne Emporen und Krypta und nur mit einem Dachreiter, wie es die strengen Regeln vorschrieben. Doch nur 40 Jahre später leistete sich der Orden modernste Architektur, die den funktionalen Rahmen weit sprengte. Waren es elsässische Baumeister, die nach 1200 die Kirchenvorhalle, den Südflügel des Kreuzganges und das Herrenrefektorium in fortschrittlichen und anspruchsvollen frühgotischen Bauformen errichteten? Die Erneuerungen gelten heute als herausragende Bauten in der Architekturgeschichte Mitteleuropas und als Musterbeispiele für den Übergang von der Romanik zur Gotik. Das Herrenrefektorium gleicht eher einem Königssaal als dem Speiseraum für Mönche. Es zählt heute zu den aufwendigsten Speisesälen, die sich aus dem 13. Jahrhundert erhalten haben. Mit dieser Prachtentfaltung hatten die Mönche ihren ursprünglichen Weg endgültig verlassen. Wieder einmal hatte ihr Fleiß sie zu Wohlstand und Ansehen geführt.

Bis in das späte 15. Jahrhundert wurde die Klosteranlage weiter ausgebaut. Rund um den großen Klosterhof entstanden stattliche Fachwerkgebäude, die Klosterkirche erhielt ein Netzgewölbe und das südliche Kirchenseitenschiff wurde durch Kapellenanbauten erweitert.

Mit der Reformation im 16. Jahrhundert endet das klösterliche Leben in Maulbronn, nicht aber seine Bedeutung. Nach der Umwandlung in eine evangelische Klosterschule erhielten hier Persönlichkeiten wie Johannes Kepler, Friedrich Hölderlin und Hermann Hesse ihre Ausbildung. Diese Schule hat bis auf den heutigen Tag als evangelisches Seminar ihre Fortführung gefunden. Die Kontinuität der Nutzung hat ganz wesentlich zu dem guten Erhaltungszustand der Bauwerke beigetragen.

Der Kreuzgang, hier der westliche Flügel mit Blickrichtung nach Süden, ist gleichsam das Herzstück des Klosters. Er führt um den quadratischen Innenhof, den Kreuzgarten und erschließt zugleich, wie ein zentraler Flur, die wichtigsten Wohn- und Aufenthaltsräume der Mönche. Über den Kreuzgang gelangten die Mönche zum Beispiel in ihren Versammlungsraum, den Kapitelsaal, oder in den gemeinsamen Speisesaal, das Refektorium.

Weltkulturerbe Deutschland Aufnahme 1994

Quedlinburg ist bekannt für seine große und kulturell bedeutsame Zeit unter den sächsisch-ottonischen Herrschern. Deutsche Könige und Kaiser weilten zwischen 922 und 1207 an dem Königshof 69 Mal. Seit der Krönung des sächsischen Stammesfürsten Heinrich I. im Jahre 919 war Quedlinburg allmählich zum Zentrum des Reiches und zur

Die Altstadt von Quedlinburg

*V*on weither sichtbar liegt der eindrucksvolle Gebäudekomplex der Stiftskirche St. Servatius über den Dächern der Altstadt von Quedlinburg. Den gotischen Chorbau mit seinen hohen spitzbogigen Fenstern ließ Äbtissin Jutta von Kranichfeld 1320 errichten.

Stätte glänzender Reichsversammlungen und Kirchenfeste aufgestiegen.

Als der viel beschäftigte König Heinrich 929 von seinen Kriegszügen gegen die Slawen nach Quedlinburg zurückkehrte, verfügte er zwei bedeutsame Dinge: Um die Unteilbarkeit der Königsherrschaft zu sichern, bestimmte er seinen Sohn Otto zum Alleinerben. Außerdem schenkte er seiner geliebten Frau Mathilde eine Reihe von Ortschaften, darunter auch „Quitilingaburg", wie es in der Urkunde der Ersterwähnung 922 heißt. Das Gelände auf dem berühmten heutigen Schlossberg ließ er zu einer starken Burg ausbauen, Wohngebäude und eine kleine Kirche entstanden. Hier fanden auch der König und seine Gemahlin Mathilde ihre letzte Ruhestätte.

Ein weithin sichtbares Zeugnis der sächsisch-ottonischen Dynastie und herausragendes Monument der Stadt ist bis heute die dem heiligen Servatius geweihte Stiftskirche. Auf dem Burgberg, einem steilen Sandsteinfelsen, erheben sich etwa 25 Meter über den Dächern der Stadt die Türme des romanischen Kirchenbaus, der im Hochmittelalter als einer der angesehensten im ganzen Reich galt. Zusammen mit den benachbarten Burgbauten war die Stiftskirche Sitz einer der berühmtesten Damenstifte des Heiligen Römischen Reiches Deutscher Nation, eine Art Pensionat für höhere Töchter des königlichen Hauses und der vornehmsten Geschlechter Sachsens und Thüringens. Dem Wirken von Mathilde, der Gemahlin Heinrichs I., ist der Aufstieg des Stiftes zur Stätte geistiger Bildung und zu einem wichtigen kulturellen und politischen Zentrum zu verdanken. Wichtige Rahmenbedingungen dazu hatte ihr Sohn geschaffen: Kaiser Otto I. stattete die Familienstiftung reich mit Landbesitz aus, verlieh ihr die Immunität und stellte sie unter kaiserlichen Schutz.

Von den Gründungsbauten der Stiftskirche St. Servatius des 10. und 11. Jahrhunderts ist fast nichts mehr zu sehen. Ihr heutiges Erscheinungsbild geht allerdings bis auf das Ende des 11. Jahrhunderts zurück und trotz einer langen folgenden Baugeschichte gilt sie vor allem als architektonisches Meisterwerk der Hochromanik. Zu der Fülle bemerkenswerter Architekturen und Steinmetzarbeiten der flachgedeckten Basilika gehören reich verzierte Kapitelle, wundervolle Friesbänder, Bogen- und Fensterumrahmungen im Inneren als auch an der Fassade. Berühmt ist auch der reiche Stiftsschatz, mit seinen wertvollen mittelalterlichen Handschriften und Goldschmiedearbeiten und der Rarität von fünf erhaltenen Bruchstücken eines Knüpfteppichs, der zu den bedeutendsten textilen Kunstwerken aus romanischer Zeit zählt.

Geheimnisvolles Dunkel herrscht in der Krypta von St. Servatii. Die Säulenreihen mit ihren prächtigen Kapitellen geben den Blick nach Osten, zu den Grabstätten des ersten deutschen Königspaares, frei. In ihrer Lieblingspfalz fanden Heinrich I. und seine Gemahlin Mathilde ihre letzte Ruhestätte.

Vom Burgberg blickt man heute auf ein idyllisches Gefüge aus Bürgerhäusern, Stadtmauern, Türmen und Kirchen mit dicht an dicht gedrängten Dächern, Giebeln und Türmchen. Auf über tausend Jahre Geschichte kann die Stadt Quedlinburg, malerisch eingebettet in die sanfte Hügellandschaft am nordöstlichen Harzrand, zurückblicken. Der Name Quedlinburg steht auch für ein wahrliches Kleinod des deutschen Städtebaus. Mit ihrem erhaltenen historischen Stadtkern auf mehr als 80 Hektar zählt sie zu den größten Flächendenkmalen Deutschlands. Quedlinburg gilt auch als herausragendes Beispiel einer zentraleuropäischen Stadt mit einem frühmittelalterlichen Plan. Für diese städtebaulichen Qualitäten und dem einmaligen Architekturbestand wurde der Stadt 1994 von der UNESCO das Prädikat des Weltkulturerbes verliehen.

Über einhundert Jahre, von Heinrich I. (919) bis Heinrich IV. (1053), konnte sich Quedlinburg stolz „Hauptstadt des Reiches" nennen, auch wenn eine Stadt wie heute noch gar nicht existierte und nur der Königshof und der Schlossberg diesen Titel beanspruchen konnten. Eine richtige Stadtentwicklung setzte erst mit der Verleihung des Münz-, Zoll- und Marktrechtes durch Otto III. 994 ein. Als er zudem die volle Immunität des Marktes und den ungehinderten freien Handel im ganzen Reich verfügte, hatten die Quedlinburger Rechte, die bisher nur Kaufleuten in Magdeburg und Goslar zuteil geworden waren.

Von diesen Begünstigungen profitierte zunächst die frühe Ansiedlung in unmittelbarer Nähe des Burgberges, das so genannte Westendorf. Zu jener Zeit entstanden das Rathaus, drei Stadtkirchen und die beinahe einhundert Meter lange Steinbrücke über die Bode, heute der Mühlgraben. Die attraktiven Privilegien, die zum Beispiel den zollfreien Handel von der Nordsee bis zu den Alpen erlaubten, förderten eine rasche Stadtentwicklung. Im 12. Jahrhundert entstand neben der „ersten Altstadt" die Neustadt, 1222 erstmals „nova civitate" erwähnt. Die beiden Städte blieben nicht lange getrennt und verschmolzen 1330, geschützt durch eine gemeinsame, vier Kilometer lange Stadtmauer mit 28 Türmen, die in vielen Bereichen noch heute erhalten ist.

Das 14. und 15. Jahrhundert war für Quedlinburg eine Zeit großer wirtschaftlicher Blüte. Der Beitritt zum niedersächsischen Städtebund 1384 und die Mitgliedschaft bei der Hanse seit 1426 förderten den Aufschwung erheblich. Zeitweise zählte Quedlinburg mit seiner Finanzkraft zur zweitgrößten Städtegruppe hinter Magdeburg, Halle und Braunschweig. Mit einigen Unterbrechungen hielt sich der Wohlstand der Stadt bis in das 19. Jahrhundert, als Quedlinburger Saatzuchtbetriebe, ein wichtiges Rückgrat, ihre Wirtschaft, Sämereien in alle Welt verkauften, bis hin nach Russland und Nordamerika.

Den einstigen Glanz der Metropole Quedlinburg vom 10. bis zum 12. Jahrhundert verkörpert in der Hauptsache der Stiftberg und seine Bebauung. Auch in der Bürgerstadt, mit ihrem Grundriss aus der Zeit vor 1200 und ihren herrlichen Kirchen, die nachweisbare romanische Vorgängerbauten hatten, sind Zeugnisse aus dieser bedeutenden Zeit erhalten. Die Bürgerstadt ist heute aber vor allem wegen ihres außergewöhnlichen Fachwerkbestandes überregional bekannt. Über 1.200 Fachwerkhäuser aus sechs Jahrhunderten säumen kopfsteingepflasterte Straßen und malerische Plätze. Sie blieben von den Bombardierungen des Zweiten Weltkrieges ebenso verschont wie von der Neubaueuphorie der Nachkriegszeit. Die Einmaligkeit dieses Ensembles liegt in seiner unverfälschten, über die Jahrhunderte gewachsenen Substanz.

Malerische Fachwerkhäuser begleiten den Besucher auf Schritt und Tritt in geschlossenen Straßenzügen mit immer neuen liebenswerten und überraschenden Details. Mit über 1.200 erhaltenen Fachwerkgebäuden aus sechs Jahrhunderten steht Quedlinburg heute in der ersten Reihe der wichtigsten deutschen Fachwerkstädte.

Die Geschichte des Quedlinburger Marktplatzes reicht bis in das Jahr 994 zurück, als König Otto III. seiner Tante, der Äbtissin Mathilde, das Recht verlieh, an der Quitilingaburg einen Markt einzurichten. An der Südwestecke des malerisch mit Weinlaub begrünten Rathauses steht der Roland, das alte Wahrzeichen für Marktgerechtigkeit und städtische Selbstständigkeit.

Quedlinburg ist heute ein einzigartiges Bilderbuch der Geschichte und Entwicklung des Fachwerkbaus. Gebäude der unterschiedlichsten Stilrichtung können hier bewundert werden, die meisten stammen aus dem 17. und 18. Jahrhundert. Es gibt aber sogar die „erste Seite", ein Ständerbau aus dem 14. Jahrhundert, der als ältester erhaltener Bau Deutschlands in dieser Urform des Fachwerks gilt. Die Konstruktion des kleinen Gebäudes ist sehr einfach und effektiv: Senkrechte Hölzer, so genannte Ständer, reichen von der Grundschwelle bis zum Dach. Nur wenige waagrechte Balken geben dem Bau eine gewisse Stabilität. Heute ist in dem restaurierten Gebäude ein Museum zur Geschichte und Technik des Fachwerkbaus in Deutschland untergebracht.

Der schlichte, „nur" konstruktiv gestaltete Ständerbau steht wie selbstverständlich in einem Stadtbild mit vielen farbenfrohen und reich verzierten Fachwerkgebäuden der späteren Jahrhunderte. Zu dem unvergleichlich reichhaltigen Formenrepertoire gehören die gotischen Knaggen und Treppenfriese oder prachtvoll geschnitzte Brüstungssonnen, Palmetten und Schiffskehlen des so genannten niedersächsischen Stils bis hin zu den diagonal gestellten Andreaskreuzen der stattlichen Bürgerhäuser aus dem 17. Jahrhundert.

Eines von vielen erhaltenen Beispielen für die herausragende Fachwerkkunst des 16. Jahrhunderts in Quedlinburg ist das so genannte Klopstockhaus unterhalb der Burg. Das stattliche Patrizierhaus mit seinen geschnitzten Saumschwellen und den Palmetten in den Brüstungsfeldern ist ein schönes Exemplar niedersächsischen Fachwerkstils. Es erinnert zugleich an einen berühmten Sohn Quedlinburgs, denn es war das Geburtshaus des Dichters Friedrich Gottlieb Klopstock (1724–1803). Die einzigartige Bedeutung der Stadt wusste er auf seine eigene Art zu beschreiben: „wie ein Weihnachtsgeschenk vor den Füßen ausgebreitet" sollen sinngemäß seine Worte beim Blick auf seine Heimatstadt gewesen sein.

Weltkulturerbe Deutschland Aufnahme 1994

In Völklingen, einer Stadt im Südwesten des Saarlandes, hat sich ein ganz außergewöhnliches kulturelles Erbe der Menschheit erhalten. Die Völklinger Hütte, eine der letzten gegründeten Eisenhütten in Westeuropa, ist heute ein herausragendes Denkmal der Technikgeschichte und Industriekultur im 19. und frühen 20. Jahrhundert. Sie verkörpert ein

Die Völklinger Eisenhütte

Jahrhundert Geschichte von Arbeit und Eisen in der ersten und zweiten industriellen Revolution. Der Erhaltungszustand der technischen Einrichtungen der Hütte ist einzigartig: Von allen im gleichen Zeitraum in Westeuropa und Nordamerika errichteten Eisenhütten ist das Völklinger Werk als einziges vollständig erhalten. Bereits unmittelbar nach seiner Stilllegung 1986 wurde der Industriekomplex unter Denkmalschutz gestellt, und 1994 erhielt die Völklinger Hütte von der UNESCO das Prädikat Weltkulturerbestätte verliehen als erstes Denkmal des Industriezeitalters in Deutschland. Dies ist auch eine Auszeichnung für das heute noch lebendige Zeugnis der alltäglichen Leistungen, die Menschen hierfür erbracht haben.

Ein bedeutsamer Entwicklungsschritt erfolgte mit der Errichtung der Gasgebläsehalle im Jahre 1900. Die Nutzung am Hochofen anfallender Gase zum Antrieb riesiger Gebläsemaschinen, die wiederum Wind in den Hochofen bliesen, war in Völklingen weltweit erstmals im großen Stil durchgeführt worden. Sechs Maschinen der Baujahre 1905 bis 1914 haben sich bis heute erhalten.

Zu den technischen Erneuerungen in Völklingen im 20. Jahrhundert gehörte auch eine durchgehende Gichtbühne zur Beschickung der Hochöfen mit Koks und Möller (Erze und schlackenbildende Zuschläge). Winderhitzer ermöglichten das Einblasen von etwa 1.200° C heißer Luft für den Verbrennungsvorgang im Hochofen. Abgebildet ist die erhaltene Gichtbühne mit Winderhitzern.

Ein erstes Werk zur Herstellung von Trägereisen und Eisenbahnschwellen wurde in Völklingen 1873 von dem Kölner Ingenieur Julius Buch gegründet, musste aber schon nach wenigen Jahren aus Rentabilitätsgründen wieder geschlossen werden. Erst mit der Übernahme dieses Betriebes durch die Industriellenfamilie Röchling 1881 begann der Aufstieg der Völklinger Hütte zu einem der leistungsfähigsten und modernsten Eisen- und Stahlwerke Europas. Mit dem Bau von fünf Hochöfen innerhalb von knapp 10 Jahren war das Werk der größte Stahlträgerproduzent im Deutschen Reich geworden. Mit dem schrittweisen Ausbau entstanden technische Pionierleistungen, die die Stahl- und Eisenproduktion weltweit beeinflussten. Als Industriestandort profitierte Völklingen enorm von dieser Entwicklung. Aus einem kleinen Dorf wurde zeitweise eine sehr wohlhabende Stadt, die zu den einwohnerreichsten des Saarlandes zählte.

Bis in die 30er-Jahre des 20. Jahrhunderts wurde die Anlage immer weiter ausgebaut und modernisiert, und jede Erweiterung stellte dabei auch eine herausragende Leistung der damaligen Technik dar. Schon 1897 konnte neben der Hochofenanlage eine Kokerei zur eigenen Herstellung von Hochofenkoks in Betrieb genommen werden. Ein weiterer bedeutender Entwicklungsschritt war die Errichtung einer Gasgebläsehalle im Jahre 1900 und der Einsatz von Gichtgasmaschinen. Damit wurde in Völklingen weltweit erstmals im großen Stil anfallendes Gas dazu benutzt, Gebläsemaschinen anzutreiben, die wiederum vorgewärmte Verbrennungsluft in die Hochöfen bliesen. Eine bedeutende Innovation war auch das ab 1910 installierte und elektrisch betriebene Hängebahnsystem, eine Art Hochbahn zur Verbindung von Erzaufbereitung, Kokerei und Hochöfen. In ihrer Größe und mit elektrischem Antrieb war es die erste Anlage dieser Art. Eine weitere einmalige Pionierleistung sind die ab 1911 errichteten Trockengasreinigungen, eine erstmals in Völklingen für den industriellen Einsatz gereifte Technologie zur Reinigung von Gichtgas. Die letzte große und entscheidende Erweiterung der Hütte war der Bau einer Sinteranlage ab 1928. Mit diesen Einrichtungen arbeitete das Werk bis zu seiner Stilllegung 1986.

Bis auf einige kleinere Umbauten und betriebsbedingte Reparaturen hat sich die Völklinger Anlage bis heute authentisch erhalten und dokumentiert auf einzigartige Weise alle wichtigen Stationen einer großtechnischen Roheisenproduktion.

Das Industriedenkmal Völklinger Hütte verkörpert auch die Geschichte der grenzüberschreitenden Industrieregion Saar-Lor-Lux im Zentrum Europas und hat die wirtschaftliche, soziale und kulturelle Identität des Saarlandes wesentlich geprägt. Die Stadt Völklingen entwickelte sich mit der Eisenhütte von einem unbedeutenden Dorf zur drittgrößten Stadt des Saarlandes. Doch trotz des schmerzhaften Endes der Stahlproduktion wird die Hochofenanlage weiterhin erhalten bleiben und ihre eindrucksvolle Silhouette das Stadtbild prägen. „Die Hidd", wie sie in der Region liebevoll bezeichnet wird, lebt heute weiter als einzigartiges Industriemuseum und als Zentrum für Kunst- und Industriekultur.

Weltnaturerbe Deutschland Aufnahme 1995

Die Grube Messel, ein ehemaliger Ölschiefer-Tagebau, liegt etwa 25 Kilometer südöstlich von Frankfurt am Main inmitten eines Waldgebietes und gehört zum Bundesland Hessen. Vor etwa 49 Millionen Jahren gab es an gleicher Stelle einen Süßwassersee, der von einem Urwald mit Palmen, Lorbeer und Walnussgewächsen umgeben war.

Fossilienlagerstätte Grube Messel

Die Grube Messel, das erste Weltnaturerbe Deutschlands, zählt zu den weltweit ergiebigsten Fundstellen des Eozäns, einem Zeitabschnitt, der ca. 55 bis 36 Millionen Jahre vor unserer Zeitrechnung liegt. Die Luftaufnahme entstand im Herbst 1986, als noch geplant war, in dem aufgelassenen Ölschiefer-Tagebau eine Mülldeponie einzurichten. Bereits zuvor waren erhebliche Mengen Industrieschutt über den Rand der Grube gekippt worden.

Einige hunderttausend Jahre lang war die Umgebung dieses Messeler Sees und der See selbst Lebensraum für eine reiche Tier- und Pflanzenwelt in einem tropisch bis subtropischen Klima. Die fossilen Tierfunde, besonders aber auch die gefundenen Pflanzenreste aus der Grube Messel, haben Unglaubliches möglich gemacht, nämlich ein Bild der Landschaft und der Tierwelt eines ehemaligen Tropenwaldes zu rekonstruieren.

Zu verdanken sind die fossilen Funde einer ganz besonderen Gesteinsablagerung, die fossile Zeugnisse in einzigartiger Qualität und Vielfalt über diesen ungeheuer langen Zeitraum bewahrt hat. Die Geschichte des Messeler „Ölschiefers", so der heute noch gebräuchliche Ausdruck der Bergleute für das Gestein, ist zugleich die spannende Geschichte eines ehemaligen Industriestandortes und Bergbaubetriebes, der 1995 in die Liste der Welterbestätten der UNESCO eingetragen worden ist – doch nicht als Denkmal der Technikgeschichte, sondern als erstes Weltnaturerbe in Deutschland.

Das Gestein, das sich in Messel als Ablagerung eines ehemaligen Süßwassersees erhalten hat, verfügt über ganz unterschiedliche und außergewöhnliche Qualitäten. Im 19. Jahrhundert war seine Verwandtschaft zur Braunkohle Anlass, für die Aktiengesellschaft Eisenhüttenwerk Michelstadt in der Nähe von Messel nach Abbaumöglichkeiten für diesen begehrten Bodenschatz zu suchen. Der Messeler Ölschiefer unterscheidet sich von der üblichen Braunkohle durch seine schieferartige Konsistenz, er ist ein schiefrig spaltender, bituminöser Tonstein und als direkt verwertbares Brennmaterial unbrauchbar. Seine Inhaltsstoffe konnten durch ein besonderes Verfahren der Verschwelung dennoch gewonnen und vermarktet werden. Bis 1971 wurde 87 Jahre lang Ölschiefer bis in eine Tiefe von 60 Metern zur Herstellung von Teer, Paraffin, Öl und anderen chemischen Produkten abgebaut, zuletzt zur Erzeugung elektrischer Energie.

Fossilien landlebender Frösche sind in Messel bisher wesentlich häufiger gefunden worden als fossilisierte Wasserfrösche. Das abgebildete Weibchen eines landlebenden Frosches suchte den Messeler See wohl ausschließlich zur Fortpflanzung auf.

Schon seit Beginn der industriellen Ausbeutung des Ölschiefers 1884 waren immer wieder gut erhaltene Fossilien im Abbaugebiet entdeckt worden. Dr. Spiegel, Repräsentant des Bergbaubetriebes „Gewerkschaft Messel", regte 1912 deshalb die Zusammenarbeit mit dem Großherzoglichen Landesmuseum in Darmstadt an. Der Bekanntheitsgrad der Grube als fossile Lagerstätte wuchs besonders seit 1975, nach der Einstellung des Bergbaues und mit der Verbesserung der Präparationstechniken der Funde, die dadurch verstärkt der Bevölkerung zugänglich gemacht werden konnten. Die Grube erlebte trotz Schließung seit 1970 einen wahren Ansturm von Privatsammlern, die bereits viele interessante Funde gemacht haben. Seit 1975 wurden regelmäßig wissenschaftliche Grabungen durchgeführt und sensationelle Funde zu Tage gebracht. Spektakuläre Entdeckungen von Urpferdskeletten, Knochen von Primaten und eines der wenigen außerhalb von Amerika gefundenen fossilen Ameisenbären, ein Privatgräberfund, halfen, die Bedeutung der Fossilienfundstätte enorm aufzuwerten. Fast wäre diese Welle der Begeisterung und die Quelle erstaunlichster Erkenntnisse in „Schutt und Asche" versunken: Nahezu 20 Jahre dauerte der Kampf von Bürgerinitiativen und Forschungsinstituten, um die Einrichtung einer Mülldeponie in Messel abzuwenden. Seit 1992 sind die Bestände endgültig gerettet, Grabung und Erforschung geregelt. Wis-

Das „Urpferdchen" gilt als Paradefossil der Grube Messel. Gefunden wurden bisher drei nahe verwandte Urpferde mit unterschiedlicher Körpergröße.

Die Abbildung zeigt die kleinste Art, das so genannte Propalaeotherium parvulum. Mit einer Schulterhöhe von ca. 30–35 cm hat es etwa die Größe eines Foxterriers.

Erstaunlich hoch ist die Anzahl gefundener Wirbeltiere. Einige zehntausend Individuen konnten bislang geborgen werden, am häufigsten Fische. Auch Vögel und Reptilien, wie Krokodile und Schildkröten, liegen in Hunderten von Fragmenten oder vollständigen Skeletten vor. Auch die Vielfalt der überlieferten Fauna und Flora in Messel ist international außergewöhnlich. Es liegen bisher allein Vertreter von über 60 Familien von Blütenpflanzen vor. Der Informationsgehalt der Fossilien ist einzigartig und geht weit über den Nachweis von bestimmten Arten hinaus. Berühmt ist die spezielle Überlieferung der Weichteile, die durch fossilisierte Bakterien nachgezeichnet sind: Feinste organische Strukturen wie Haare und Federn sind in mikroskopisch detaillierter Genauigkeit erkennbar, häufig ist sogar der Inhalt von Magen und Darm erhalten und gibt der Nachwelt wertvolle Hinweise zur Ernährungsweise und den Lebensbedingungen der ausgestorbenen und für uns fremdartigen Lebewesen. Teilweise kann man die Funde als regelrechtes Raritätenkabinett bezeichnen: Es gibt Pflanzen mit Blüten, Früchten und Pollenkörnern, Insekten in den schillerndsten Farben oder Frösche mit kompletter Laicherhaltung.

*I*n den alligatorähnlichen Krokodilskeletten werden regelmäßig gerundete Steine gefunden. Diese Magensteine übernahmen die Funktion, Nahrung zu zerreiben und waren zugleich ein wichtiger Ballast für das Tier, um ohne großen Kraftaufwand abtauchen oder so im Wasser liegen zu können, dass nur die Augen und die Nase heraussahen.

senschaftliche Grabungen werden im Wesentlichen durch das Forschungsinstitut Senckenberg (Frankfurt am Main) und durch das Hessische Landesmuseum in Darmstadt durchgeführt.

Eine Besonderheit der Fossilien aus der Messeler Grube besteht in ihrer vorzüglichen Erhaltungsqualität. Tierkadaver und Pflanzen sanken auf den feinen Schlick des Seebodens ab. Dort herrschten sauerstoffarme, lebensfeindliche Bedingungen bei sehr geringer Wasserbewegung. Kadaver und Pflanzen fossilisierten, ohne gefressen oder durch Bewegung zerstört zu werden. Diesem Umstand sind Fossilien von weltweit einmaliger Qualität zu verdanken. Während bei anderen Fundstätten meistens nur Fragmente überliefert sind, werden in Messel Wirbeltiere häufig als vollständige Skelette gefunden.

Eine herausragende Bedeutung hat die Grube Messel auch durch die Anzahl und Artenvielfalt ihrer Funde. Sie zählt zu den weltweit ergiebigsten Fundstellen des Eozäns, eines Zeitabschnittes der Erdneuzeit, der für uns Menschen kaum begreifbar ist. Es begann vor ca. 55 Millionen Jahren und dauerte 19 Millionen Jahre.

*M*it seinen speziell dazu ausgebildeten Krallen war der insgesamt etwa 115 cm lange Verwandte der Urhuftier Kopidodon ein ausgezeichneter Kletterer. Trotz seiner mächtigen Eckzähne im Gebiss verschmähte er Fleisch und suchte in den Bäumen lieber nach reifen Früchten. Im Ölschiefer hat sich nicht nur das Skelett erhalten, sondern es sind sogar Hautumrisse des Tieres in Weichteilerhaltung überliefert.

Der Informationsreichtum der Grube Messel ist scheinbar unerschöpflich und umfasst ein unglaublich weites Spektrum. Die herausragende Erhaltungsqualität und die Vielfalt der Funde erlauben bei wissenschaftlicher Auswertung sogar Aussagen zu früheren interkontinentalen Beziehungen der Pflanzen- und Tierwelt, über langsam sich verschiebende Kontinente und Landbrücken. Auch Erkenntnismöglichkeiten zur Klimaentwicklung vor Millionen von Jahren begründen den internationalen Rang der Fossillagerstätte Messel.

In den Funden ist die Entwicklungsgeschichte der Erde vor etwa 49 Millionen Jahren verborgen, als sich nach dem Aussterben der Saurier die Säugetiere stärker als vorher entfalten konnten und das Zeitalter der Säugetiere begann. Die Grube Messel hat deshalb vor allen Dingen als Fundstätte fossiler Säugetiere Weltruhm erlangt. Das weite Spektrum reicht von ursprünglichen Beuteltieren und Insektenfressern, Fledermäusen, Halbaffen oder exotisch anmutenden Spezialisten wie dem „Langfinger", so benannt wegen zweier enorm verlängerte Finger, oder dem Schuppentier und dem Ameisenbären bis hin zu Paar- und Unpaarhufern. Dazu gehört letztlich auch das bekannteste Messel-Fossil, das „Urpferdchen". Propalaeotherium ist der wissenschaftliche Gattungsname des Paradefossils in Messel. Allein zwischen 1975 bis 1986 wurden 32 neue „Urpferde" entdeckt, die stammesgeschichtlich einen frühen Seitenast des Pferdestammbaums repräsentieren. Die Funde in Messel bestätigten eine über 50 Jahre alte Hypothese, dass frühe Urpferdchen nicht Allesfresser, sondern laubäsend gewesen seien: Der Verdauungstrakt zahlreicher gefundener Urpferde war von Laubblättern gefüllt.

Nur durch die besonderen Erhaltungsbedingungen im Messeler Ölschiefer sind solche Erkenntnisse möglich. Ähnlich einer Momentaufnahme erlauben uns heute Fossilienfunde Einblicke in eine

Über einen halben Meter lang ist das vollständig freipräparierte Skelett der fossilen Dreikrallen-Weichschildkröte Trionyx. Die Panzerung und Gliedmaßen zeigen, dass Schildkröten nicht unbedingt immer langsam und ausschließlich friedfertig sein müssen. Noch heute gibt es Arten dieser erdgeschichtlich sehr langlebigen Gattung.

Welt vor fast 50 Millionen Jahren. Diese Situation wird zu Recht gern mit der Verschüttung des antiken Pompeji verglichen; die Grube Messel ist ein Pompeji der Paläontologie. „In dieser Grube öffnet sich ein Fenster gleichsam in den Beginn des sechsten Schöpfungstages, in die Zeit vor 49 Millionen Jahren." (Prof. Dr. Wolfgang Frühwald, Präsident der Deutschen Forschungsgemeinschaft)

Weltkulturerbe Deutschland Aufnahme 1996

Die Bauhausstätten in Weimar und Dessau

„Ich bin dabei, etwas ganz anderes in die Welt zu setzen, was mir schon lange Jahre im Kopfe spukt – eine Bauhütte!", so Walter Gropius 1918. Die Namensverwandtschaft mit dem späteren „Bauhaus", eine Wortschöpfung von Gropius, ist auffallend. Schon Jahre zuvor hatte er die produktiven und schöpferischen Vorzüge der Zusammenarbeit im mittelalterlichen Baubetrieb betont. Doch etwas wirklich „anderes", nämlich die Arbeitgemeinschaft von Künstlern, Handwerkern und Architekten, stand im Mittelpunkt seines geplanten Hochschulprogrammes: die pädagogisch untermauerte Vereinigung von künstlerischen Disziplinen wie Bildhauerei, Malerei und Baukunst mit Handwerken wie Weberei, Druckerei, Schmiede und Tischlerei zu einem Gesamtkunstwerk von Architektur und Ausstattung.

Das von Walter Gropius entworfene und 1926 fertig gestellte Bauhausgebäude besteht aus unterschiedlichen Baukörpern. Der Werkstättentrakt mit seiner transparenten Glasvorhangfassade wurde dabei gleichsam zur Verkörperung avantgardistischer Architektur.

Das Staatliche Bauhaus Weimar entstand 1919 durch die Vereinigung der ehemaligen Großherzoglich sächsischen Kunstschule mit der ehemaligen Großherzoglich sächsischen Kunstgewerbeschule. Es residierte in deren Gebäuden, einem bedeutenden Jugendstilensemble, das nach Plänen des Belgiers Henry van de Velde Anfang des 20. Jahrhunderts errichtet worden war. Van de Velde war es auch, der Walter Gropius bereits 1915 als seinen Nachfolger im Amt des Direktors der Kunstgewerbeschule vorschlug. Er selbst musste als Ausländer während des Ersten Weltkrieges Deutschland verlassen.

Am 1. April 1919 nahm das Staatliche Bauhaus Weimar seinen Betrieb auf. Gropius berief in den ersten Jahren eine Vielzahl prominenter Künstler wie zum Beispiel Lyonel Feininger, Johannes Itten, Paul Klee, Wassily Kandinsky oder Oskar Schlemmer. Gemeinsam mit handwerklich versierten Werkmeistern übernahmen sie als so genannte Formmeister die künstlerische Ausbildung in den Werkstätten u.a. für Weberei, Druckerei, Buchbinderei, Holz- und Steinbildhauerei, Tischlerei und Wandmalerei. Im Jahre 1923 wurden die Arbeiten dieser Werkstätten erstmals einer breiten Öffentlichkeit vorgestellt. Das anlässlich dieser Ausstellung nach einer Idee Georg Muches erbaute Haus am Horn ist das einzige bauliche Zeugnis des Bauhauses in Weimar, ein wichtiges Experiment auf dem Weg zum modernen Wohnungsbau im 20. Jahrhundert.

1924 wurde die sozialdemokratische Regierung in Thüringen durch eine deutschnationale abgelöst, die die Meisterverträge des Bauhauses zum Frühjahr 1925 kündigte und den Etat der Schule stark kürzte. Dadurch war eine Weiterarbeit in Weimar

Auch die Innenarchitektur des Bauhauses, hier die Ansicht eines der Treppenhäuser, entspricht der Idee seines Begründers. Klar gegliederte, geometrische Formen und funktionalistische Strenge bestimmten die Gestaltungsprinzipien.

unmöglich geworden. Zum 1. April 1925 siedelte die Schule nach Dessau über, und Gropius konnte hier ein Hochschulgebäude errichten, das ganz seinen Vorstellungen und den Bedürfnissen der Schule entsprach. Mit dem Ende 1926 eingeweihten Neubau entstand ein für die Zeit ganz außergewöhnliches Bauwerk, das künstlerischen Ausdruck, technisches Experiment und funktionale Notwendigkeit vereinte: ein flach gedecktes Ensemble aus verschieden großen, asymmetrisch zueinander angeordneten einzelnen Bauteilen. Diese Gliederung erfüllte den Wunsch nach optimalen Arbeitsbedingungen für die unterschiedlichen Bauhausbereiche sowie die Berufsschule, die hier ebenfalls einzog. Verwaltung, Studentenateliers und Werkstätten waren in eigens für sie zugeschnittenen Gebäudetrakten untergebracht. Besonders spektakulär war der Werkstattflügel: Die Fassade aus Stahl und Glas wurde an ein Stahlbetonskelett angehängt, sie war ein eigenständiges, nicht tragendes Bauteil. Mit der in den eigenen Werkstätten entworfenen Inneneinrichtung war ein Gesamtkunstwerk entstanden, das Funktion und Gestaltung gleichermaßen berücksichtigte.

Das Bauhausgebäude wurde im Zweiten Weltkrieg teils stark beschädigt und 1976 denkmalgerecht rekonstruiert. Heute ist das Gebäude Sitz der Stiftung Bauhaus Dessau, und Teile des ehemaligen Berufsschultraktes werden von der benachbarten Hochschule Anhalt genutzt.

Gleichzeitig mit dem Bauhausgebäude entstand 1925/26 nach Entwürfen von Walter Gropius die Meisterhaussiedlung, bestehend aus einem Einzelhaus für den Direktor und drei Doppelhäusern für die Meister. Die Villen waren Wohn- und Arbeitsort für die am Bauhaus tätigen Professoren. Die bemerkenswerte Farbgestaltung im Innern geht teilweise auf die Wandmalereiwerkstatt des Bauhauses, vor allem jedoch auf die künstlerischen Vorstellungen der jeweiligen Bewohner zurück. Die Meisterhäuser waren zugleich Künstlervillen und Musterbauten einer von Gropius favorisierten „weißen Modern".

Der Dessauer Gemeinderat beschloss 1932 auf Antrag der NSDAP-Fraktion die Schließung der Avantgarde-Schule, die bis zur endgültigen Auflösung einige Monate später in Berlin weiter existierte. Das Überleben der Bauhaus-Bauten in Dessau und der einzigartige künstlerische Aufbruch wurden durch die Verfemung nicht verhindert: Von Weimar und Dessau aus trat die Idee der Moderne in Architektur und Design ihre Erfolgsgeschichte an.

Die geschichtsträchtigen und richtungsweisenden Bauten in Weimar und Dessau wurden im Dezember 1996 in die Welterbeliste der UNESCO aufgenommen.

Die ehemalige Gewerbliche Berufsschule (linker Bildrand) und der Werkstättentrakt sind durch eine Brücke verbunden. „Die brückenartige überbauung der straße ergibt sich aus der gestellten aufgabe, zwei getrennte schulorganismen mit gesonderten eingängen zu bauen." (Walter Gropius, 1930)

Weltkulturerbe Deutschland Aufnahme 1996

„Ersehnter Tag!", sang der Dichter Theodor Fontane und meinte damit den 15. Oktober 1880. Eine ganze Nation feierte an diesem Tag die Vollendung des Kölner Domes, und Kaiser Wilhelm I. ließ es sich nicht nehmen, an der Einweihung persönlich teilzunehmen. Zeitzeugen zufolge war er genauso tief bewegt wie die Kölner Bürger, die anschließend

Der Kölner Dom

Der Kölner Dom, ein besonderes Meisterstück gotischer Architektur, war bei seiner Vollendung im 19. Jahrhundert das höchste Bauwerk der Welt. Noch heute sind seine beiden über 150 Meter hohen Türme weithin sichtbar und Wahrzeichen der Stadt. Für die Kölner verkörpert das Bauwerk einen wichtigen Teil der eigenen Identität und Heimat.

drei Tage lang feierten. Immerhin hatte ein über 600 Jahre dauerndes Bauprojekt seinen Abschluss gefunden, und in Köln stand jetzt nicht nur das höchste Gebäude der Welt, sondern auch ein deutsches Nationaldenkmal. Doch dann wurde der Dom im 2. Weltkrieg von 14 schweren Fliegerbomben getroffen und siehe da, wie durch ein Wunder, blieb er inmitten einer Trümmerwüste stehen.

Noch heute prägt seine schlanke Silhouette schon von weitem das Panorama der Stadt und verleiht ihr jenen unverwechselbaren Anblick, den nur wenige andere deutsche Großstädte zu bieten haben. Ob der Besucher sich auf der Autobahn oder mit dem Zug nähert, als Erstes sieht er die hochaufragenden Zwillingstürme. Auch für die Kölner ist „ihr" Dom das Wahrzeichen der Stadt und wird schlicht als „d'r Dom" bezeichnet, ganz ohne Spitznamen, Witze oder ironische Anspielungen der typisch rheinischen Art. Stattdessen wird er mit zarten Liebeserklärungen verehrt, mit Liedern und Gedichten von den Bläck Fööss bis hin zu Heinrich Böll. In der Fachwelt gilt das Bauwerk heute als Meisterwerk gotischer Architektur, als das gewaltigste und im Gesamteindruck einheitlichste Werk der Kathedralgotik in Deutschland mit der größten aller gotischen Fassaden.

Diese wunderbare Mischung aus sachlich getragener und emotionaler Bewunderung hat weit zurückreichende Wurzeln. Höhepunkt aber war seine Vollendung im 19. Jahrhundert, die das steigende Selbstbewusstsein und das Zusammenwachsen einer ganzen Nation symbolisierte. In dieser Zeit bewegte die spannende Baugeschichte des Domes nicht nur die Herzen und Gemüter von Bauhistorikern und Politikern, sondern rief auch die bekanntesten Dichter und Denker Deutschlands auf den Plan. Bis heute hat der Dom nichts von dieser Anziehungskraft eingebüßt und wird jährlich von über 7 Millionen Menschen besucht. Die UNESCO ernannte ihn 1996 zum Weltkulturerbe.

Nicht allen Besuchern, die zu der hoch aufragenden Architektur aufblicken, ist bewusst, dass der Standort der Kathedrale schon in spätrömischer Zeit Versammlungsort der ersten Christen in Köln war und dass hier bis in das 3. Jahrhundert sogar ein mächtiger, karolingischer Dom aus dem Jahre 870 stand, der dem jetzigen Dombau allerdings weichen musste. Was war der Grund für diese folgenschwere Entscheidung? Ein handfester Raub hatte die Situation in Köln grundlegend verändert: Kaiser Friedrich Barbarossa hatte 1162 Mailand erobert und sich bei diesem Feldzug auch der Reliquien der Heiligen Drei Könige bemächtigt. 1164 überließ er sie seinem Kanzler, dem Erzbischof Rainald von Dassel, der die Beute nach Köln überführte und die Stadt am Rhein damit zu einer der wichtigsten Wallfahrtsstätten in Europa machte. Für die Aufbewahrung dieses einmaligen Reliquienschatzes wurde kein Aufwand gescheut: Der überregional berühmte Meister Nikolaus von Verdun fertigte dafür in jahrzehntelanger Arbeit einen kostbaren Schrein. Dieses Meisterstück ist noch heute eine der Hauptattraktionen im Dom und gehört neben dem Gero-Kreuz und den mittelalterlichen Flügelaltären zu seinen wertvollsten Ausstattungsstücken.

Im Jahre 1880 war die Westfassade des Kölner Doms fertig gestellt und damit die größte Kirchenfassade, die jemals gebaut wurde, vollendet. Zu ihrem reichhaltigen Figurenschmuck gehören auch die Gewändefiguren des Marienportals, dem Mittelportal der eindrucksvollen Fassade.

Das Domkapitel ging aber noch einen Schritt weiter und beschloss 1248 dem Schrein ein neues würdiges Zuhause zu geben und den altehrwürdigen karolingischen Dom durch einen modernen Neubau der Superlative zu ersetzen. Nach und nach sollte der alte Kirchenbau niedergelegt werden, doch der Eifer war wohl zu groß, denn die Abbrucharbeiten führten zu einer Brandkatastrophe und zur vollständigen Zerstörung der Kirche.

Vorbild für den Kölner Domneubau waren die kühnen und innovativen Konstruktionen der französischen Kathedralgotik, an ihrer Spitze die Kathedrale von Amiens. Die Bauarbeiten in Köln schritten rasch voran, schon 1265 konnten im überwölbten östlichen Kapellenkranz Messen abgehalten werden. Um 1300 war mit der Fertigstellung des Chores ein erster wichtiger Bauabschnitt vollendet. Abgeschlossen durch eine Mauer im Westen, verwandelte man den Chor in einen eigenständigen Kirchenraum für Gottesdienste, ohne von der auf Hochtouren laufenden Baustelle daneben gestört zu werden. Er war bereits reich mit Kunstschätzen aus dem alten Dom, wie dem Gero-Kreuz und dem Reliquienschrein, ausgestattet. Nach der Fertigstellung des gotischen Chores wurden die Seitenschiffe des Langhauses und der Südturm bis zum Ansatz des 3. Obergeschosses gebaut. Im Südturm konnte anschließend die Dreikönigenglocke aufgehängt werden.

Im 15. und 16. Jahrhundert wendete sich das Blatt und es setzte eine verhängnisvolle Entwicklung ein, die bald das vorläufige Ende der ehrgeizigen Neubaupläne bedeuten sollte. Angeblich gab es einige Streitereien zwischen dem Domkapitel, dem Erzbischof und dem Kölner Rat, die immer wieder die Bauarbeiten behinderten. Allmählich ging den Bauherren auch noch das Geld aus und 1560 waren die Kassen endgültig leer. Statt des geplanten mächtigen Neubaus wurde von nun an 280 Jahre lang der hölzerne Baukran auf dem Südturm unfreiwillig zum Wahrzeichen der Stadt und ihrer gigantischen Bauruine. „Ein Ruinenhaufen, ein riesiges missgestaltetes Ding, dem weder Symmetrie noch Anmut zukommen", schimpfte der englische Theologe John Wesley 1737. Als 1794 die französischen Revolutionstruppen in Köln einzogen und den Dom als Lagerhalle benutzten, drohte dem geplanten Prachtbau das endgültige Aus. Der Kölner Bischof wollte die Domgebäude nunmehr sogar abreißen lassen.

*E*inen Eindruck von den überwältigenden Raumdimensionen der großartigen Bauleistung vermittelt der Blick von Westen durch das Mittelschiff auf den Chor. Das Kreuzrippengewölbe befindet sich in einer Höhe von immerhin 43 Metern! Der 1322 geweihte Chor im Osten hatte französische Vorbilder, besonders die Kathedrale von Amiens.

Der unvollendete Dom, ein rüde unterbrochenes Werk und zu Unrecht gescholten, sollte jedoch nicht untergehen, denn gleichzeitig mit seinem Verfall entstand eine Gegenbewegung, die weit reichende Folgen haben sollte. Anfänglich getragen von lokaler Liebe und Bewunderung, wurden die Rufe zu seiner Rettung immer lauter und entfachten zuletzt einen wahren Sturm der Begeisterung für seine Geschichte und für seinen Wiederaufbau. 1842 organisierten sich engagierte Bürger im Kölner Dombau-Verein – der ersten Bürgerinitiative Deutschlands – und sammelten Gelder für den Dom, während sich die preußische Staatskasse bereit zeigte, etwa die Hälfte der veranschlagten Baukosten zu übernehmen. Noch im gleichen Jahr wurde im Beisein von König Friedrich Wilhelm IV. von Preußen der Grundstein für die Vollendung des Kölner Domes gelegt. „Rufen sie mir – und unter diesem Rufe will ich die Hammerschläge auf den Grundstein thun, rufen sie mir das tausendjährige Lob der Stadt: Alaaf Köln", so der König in diesem historischen Augenblick.

Viele Kräfte hatten zusammengewirkt, um dieses Wunder wahr werden zu lassen. Der Durchbruch spiegelt aber auch die besonderen politischen Umstände in Deutschland: Nach dem Sturz Napoleons herrschte eine Aufbruchstimmung und die Suche nach eigener politischer und kultureller Identität. Wie der Kölner Dom war das Land zerrissen und aufgesplittert in einzelne kleine Teile. Das Bauprojekt in Köln war geradezu prädestiniert dafür, das ersehnte Zusammenwachsen der Nation beispielhaft zu symbolisieren, zumal auch der gotische Baustil der Kathedrale den Vorstellungen einer urdeutschen Kunstgattung entsprach, war sie doch nach

*D*er Schrein der Heiligen Drei Könige im Kölner Dom zählt zu den größten und künstlerisch bedeutendsten Reliquiaren des Mittelalters. Das Meisterwerk der Email- und Goldschmiedekunst war zwischen ca. 1190 und 1220 unter maßgeblicher Mitarbeit des Meisters Nikolaus von Verdun für die Gebeine der Könige angefertigt worden.

Johann Wolfgang von Goethe die „…deutsche Baukunst, da sich der Italiener keiner eigenen rühmen darf, viel weniger der Franzos". Damit stand von vornherein fest, dass für einen Weiterbau am Dom nur gotische Bauformen infrage kamen. Unglaubliche Zufallsfunde sorgten für eine Sensation: 1814 war ein mittelalterlicher Plan des nördlichen Turms auf einem Dachstuhl in Darmstadt gefunden worden, und zwei Jahre später stöberte der Kölner Sammler Sulpiz Boisserée in einem Pariser Antiquariat auch noch den dazugehörenden Teil des Südturms auf. Damit besaß man beide Hälften eines insgesamt 4,05 Meter hohen, originalen Planes der gesamten Westfassade. Die Baumeister folgten diesen Vorlagen, bedienten sich aber modernster Bautechnik, wie beim eisernen Dachstuhl des Domes, dem fortschrittlichsten im 19. Jahrhundert.

Nur einmal geriet der Elan ins Stocken, als neueste Erkenntnisse der Bauforschung ans Licht brachten, dass die französische Kathedrale in Amiens doch älter und Vorbild für den Kölner Dom gewesen sein muss. Die Bedeutung und Einmaligkeit des Kölner Domes wird dadurch aber keineswegs geschmälert, denn dann ist sie – wie ein Bauhistoriker unserer Tage sagte – „die jüngste, aber vielleicht gerade deshalb die schönste Schwester der französischen Kathedralen".

*D*er um 1442 von dem Maler Stefan Lochner geschaffene Flügelaltar der Stadtpatrone zählt zu den bedeutendsten Werken der spätgotischen Kölner Malerschule und ist einer der herausragenden Kunstschätze im Kölner Dom. Ursprünglich war er für die Ratskapelle der Stadt Köln geschaffen worden. Seinen heutigen Standort in der Marienkapelle erhielt der Altar erst nach dem Zweiten Weltkrieg.

Weltkulturerbe Deutschland Aufnahme 1996

Zwei Städte, geprägt durch verschiedene Entstehungsgeschichten und jede mit eigenem, unverwechselbarem städtebaulichem Gesicht, haben einen ganz außergewöhnlichen gemeinsamen Nenner: Bei aller Individualität sind sie untrennbar mit dem Namen Martin Luthers verbunden. Eisleben und Wittenberg, beide heute in Sachsen-Anhalt

Luthergedenkstätten in Eisleben und Wittenberg

liegend, gelten als die Keimzellen der Reformation und repräsentieren mit ihren Luthergedenkstätten einen Abschnitt in der Menschheitsgeschichte, der sowohl national als auch international einen herausragenden kulturellen Rang einnimmt. Die UNESCO hat diese Bedeutung der beiden Städte 1996 durch die Aufnahme in die Welterbeliste gewürdigt.

Im Museum der Lutherhalle in Wittenberg kann auch die Schlafkammer Martin Luthers besichtigt werden. In dem ehemaligen Augustinerkloster war schon im 19. Jahrhundert ein reformationsgeschichtliches Museum eingerichtet worden. Heute beherbergt die Luthergedenkstätte auch die umfangreichste und bedeutendste Sammlung zu Luther und der Geschichte der Reformation.

Zu den besonderen und sehenswerten Einrichtungen im Gedenken an Martin Luther und seine Zeit gehören vier Museen: die Lutherhalle und das Melanchthonhaus in Wittenberg sowie das Geburtshaus und das Sterbehaus in Eisleben. Die 1997 gegründete Stiftung Luthergedenkstätten in Sachsen-Anhalt betreut alle vier Häuser und unterhält in der Lutherhalle eine weltweit einmalige Sammlung zur Reformationsgeschichte. Die feinfühlige Sorge und Pflege, das Andenken an ihren berühmten Bewohner zu bewahren, hat in beiden Städten eine lange und beinahe einmalige Tradition. Im Geburtshaus Luthers wurde schon im 17. Jahrhundert

Mächtig überragen die beiden Türme der Stadtkirche St. Marien die Marktplatzbebauung der Lutherstadt Wittenberg. Seit 1514 war sie die Predigerkirche Martin Luthers. Vor dem eindrucksvollen, 1535 fertig gestellten Rathaus erinnern zwei Bronzedenkmäler aus dem 19. Jahrhundert an den Reformator und seinen Mitstreiter Philipp Melanchthon.

eine Gedenkstätte eingerichtet. Diesem Respekt dem ungewöhnlichen Erbe gegenüber ist der lebendige Erhaltungszustand der Lutherstätten zu verdanken und ermöglicht schließlich auch noch im 21. Jahrhundert den Zugang zu einem der spannendsten Schauplätze der Geschichte.

„Im Jahre 1483 bin ich, Martin Luther, geboren von meinem Vater Johannes Luther und meiner Mutter, Margaretha. Mein Vaterland war Eisleben", bemerkte Luther zu seiner eigenen Vergangenheit. Vom „Berggeschreih", der Aussicht auf Arbeit im aufblühenden Kupferschieferbergbau, war das Ehepaar Luder aus dem thüringischen Möhra angelockt worden. Am 10. November 1483 erblickte Martin – damals noch mit dem Nachnamen Luder – in der ehemaligen Langen Gasse in Eisleben das Licht der Welt. Luthergasse 15/16 ist heute die berühmte Anschrift seines Geburtshauses, das sein barockes Aussehen den Wiederherstellungsarbeiten nach dem großen Stadtbrand 1689 zu verdanken hat. Heute gilt es als eines der ältesten Geschichtsmuseen im deutschsprachigen Raum. Im so genannten „Schönen Saal" im Obergeschoss war schon 1693 eine Gedenkstätte eingerichtet worden. Eine deutschsprachige Bibel aus dem Geburtsjahr Martin Luthers und ein spätgotischer Schnitzaltar gehören zu den wertvollen Exponaten des Museums.

Erbstreitigkeiten zwischen den Mansfelder Grafen wollte er schlichten, als Martin Luther im Frühjahr 1546 seine alte Heimatstadt besuchte. Ungeahnt wurden es die letzten drei Wochen seines Lebens. In dem spätgotischen Haus, dem Ort der Verhandlungen, starb Martin Luther in der Nacht vom 17. zum 18. Februar 1546. „Lass dir mein Seelchen befohlen sein", betete er im Angesicht des nahen Todes und entschlief „mit Stille und großer Geduld", wie sein Weggefährte Justus Jonas der Nachwelt berichtete. Seit 1894 ist das Haus Luthergedenkstätte und Museum. Im Sterbezimmer sind sein schwarzes Bahrtuch und ein Abguss der Totenmaske ausgestellt. Hier laden auch Luthers letzte schriftliche Aufzeichnungen zum Verweilen und Nachdenken ein: „Wir sind Bettler, das ist wahr."

Geburts- und Sterbehaus in Eisleben sind gleichsam die Eckpfeiler im Leben des großen Reformators. Gleichzeitig sind beide Häuser mit ihrer erhaltenen oder nachempfundenen Einrichtung auch wichtige Denkmäler für das Verständnis der bürgerlichen Lebensweise zur Zeit der Reformation.

Als Geburts- und Sterbeort Luthers wird Eisleben oft als das Bethlehem und Jerusalem unter den Lutherstätten genannt, denn viele seiner Kämpfe, Höhen und Tiefen erlebte er außerhalb dieser Stadt. Dennoch blieb er seinem „Vaterland" immer zutiefst verbunden. Nicht zuletzt seine plastische, oftmals derbe Sprache verriet seine Herkunft. Nach seiner erfolgreichen Vermittlungsmission in Eisleben schreibt er nach Hause, dass „heute das stachligste Stachelschwein nach heißem Kampf gestochen worden sei".

Hat Eisleben den besonderen Ruf als Wiege des Reformators, so ist Wittenberg die Wiege der Reformation. Hier lösten Luthers enthusiastische Auseinandersetzungen mit Fragen an Glaube und Kirche gleichermaßen Begeisterung und Ablehnung aus und führten zu tief greifenden Veränderungen in Kirche und Politik. Der Legende nach hat eine lebensbedrohliche Erfahrung den angehenden Juristen auf den neuen und folgenschweren Weg gebracht. Nach eigener Aussage erlebte er bei einem schweren Gewitter in der Nähe von Erfurt einen Blitzeinschlag in unmittelbarer Nähe und rief in Todesangst: „Hilf du, heilige Anna, ich will Mönch werden." Zum Entsetzen seiner Eltern und Freunde beschritt Martin Luther tatsächlich diesen Weg und erhielt bereits 1507 die Priesterweihe. Als Doktor der Theologie übernahm er 1512 eine Bibelprofessur an der Wittenberger Universität und schon zwei Jahre später war er Prediger an der Stadtkirche in Wittenberg. Mit dem legendären Thesenanschlag an der Wittenberger Schlosskirche leitet er 1517 die Reformation ein.

Von 1511 bis zu seinem Tode war Martin Luther in Wittenberg zu Hause. Lutherhalle heißt heute das weiträumige Gebäude im ehemaligen Augustinerkloster, das ab 1525 von ihm und seiner Familie bewohnt wurde. Im Jahre 1889 wurde es reformationsgeschichtliches Museum. Ein besonders denkwürdiges Kleinod ist die Lutherstube. In dem einzigen beheizbaren Raum des Hauses schrieben eifrige Studenten die Tischreden Luthers mit und

Wenn auch nur in der Überlieferung, so zählt der Thesenanschlag Luthers noch immer zu den spektakulärsten Begebenheiten der Reformation. „Mit lauten Hammerschlägen" soll Martin Luther am 31. Oktober 1517 seine berühmten 95 Thesen an die Türen der Wittenberger Schlosskirche genagelt haben. Das Bronzeportal aus dem Jahre 1858 erinnert heute mehr an die Thesen als an das tatsächliche „Ereignis".

überlieferten sie so der Nachwelt. Doch was geschah wirklich hinter diesen vier Wänden, was empfanden die Gäste bei den Reden Luthers und was fühlte und dachte die Familie hier angesichts der gerade überstandenen tödlichen Bedrohung durch Bann und Reichsacht? Der große Tisch und die dunklen eingebauten Möbel vergegenwärtigen heute als stumme Zeugen den Alltag und die dramatischen Ereignisse dieser Zeit.

Die revolutionären Folgen seines Engagements für Politik und Kirche hatte Luther so nie beabsichtigt. Zutiefst mit seinem Glauben verbunden, hatte er ihn intensiv hinterfragt und verzweifelt nach einer

Lösung für die uralte Frage der Christen zu Schuld und Sühne gesucht. Die Antworten fand er in der Heiligen Schrift und im Wort Gottes. Nur durch die Gnade Gottes könne der Mensch Erlösung finden, nicht durch eigene Wünsche und Taten. Zwangsläufig kam er damit in Konflikt mit den alteingesessenen kirchlichen Ritualen und in der Folge mit dem übermächtigen Kirchenapparat, der Erneuerungstendenzen als Bedrohung der eigenen Vormachtstellung missverstand. Massiv war Luther gegen den Ablasshandel vorgegangen. Eine kommerzielle Regelung, bei der Sünde gegen Geld eingetauscht werden konnte, war für Luther unerträglich. Als er 1517 seinem Zorn mit der Veröffentlichung der 95 Thesen Luft verschaffte und dabei inhaltlich auch noch den Papst infrage stellte, folgten statt einer sachlichen Auseinandersetzung die Anklage wegen Ketzerei und zuletzt sogar Kirchenbann und Reichsacht.

Doch Martin Luther war mit seinen Gedanken nicht allein. An seinen wichtigsten Freund und Mitstreiter, Philipp Melanchthon, erinnert heute das Melanchthonhaus in Wittenberg. Das Museum präsentiert den Reformator, Humanisten und Universalgelehrten in seiner faszinierenden Vielfalt: den Universitätsprofessor für Griechisch und Theologie, den engsten Mitarbeiter Luthers, den Vater der Ökumene, den Verfasser der „Confessio Augustana", der bis heute wichtigsten Bekenntnisschrift der evangelischen Kirchen. Schon zu Lebzeiten bedachte man ihn mit dem Ehrentitel „Praeceptor Germaniae", den „Lehrer Deutschlands", denn durch seine Universitäts- und Schulordnungen, Schulbücher und Grammatiken hat er das deutsche Schulsystem entscheidend geprägt.

Von Luther wurde Melanchthon auch in die reformatorische Theologie eingewiesen. Melanchthon hingegen lehrte Luther die griechische Sprache. Er war es, der Luther dazu motivierte, die Bibel in ein für das Volk verständliches Deutsch zu übersetzen.

Eine bedeutende Gedenkstätte ist auch die Wittenberger Stadtkirche Sankt Marien. Sie war die erste reformierte Kirche ihrer Zeit und als Predigtkirche von Martin Luther Schauplatz seiner berühmten Predigten und Gottesdienstreformen.

Der Geist der Reformation lebt besonders von einer Überlieferung, dem Thesenanschlag vom 31. Oktober 1517 an die Türen der Schlosskirche von Wittenberg. Die Welle, die Luther damit in Gang setzte, war nicht mehr aufzuhalten, sie wirkte auch nach seinem Tode weiter und führte zur Geburt der evangelischen Kirche. Die Kirche ist auch die Begräbnisstätte Luthers und seines Freundes Melanchthon. Auch Kurfürst Friedrich der Weise fand hier seine letzte Ruhe.

Der hohe Turm an der Nordostseite des Wittenberger Schlosses gehört zur Schlosskirche, in der Martin Luther und sein Freund Philipp Melanchthon ihre letzte Ruhestätte fanden. Die prachtvolle, kronenartige Haube erhielt der Turm nach aufwendigen Erneuerungsarbeiten im 19. Jahrhundert.

**Weltkulturerbe
Deutschland
Aufnahme 1998**

Stattliche 62.000 Einwohner zählte die Stadt in Thüringen 1999, doch noch nie in seiner Geschichte ist Weimar über den Status einer Kleinstadt hinausgewachsen. Dennoch ist das liebenswürdige Städtchen an der Ilm heute weltbekannt. Seine eigentliche Größe erwarb sich Weimar als Schauplatz von zwei außergewöhnlichen Ereignissen in Politik und

Klassisches Weimar

Kultur. In diesen kurzen, dafür aber sehr intensiven und nachhaltigen Epochen erlangte die Stadt herausragende Bedeutung: Klassisches Weimar ist heute der Begriff für ihre bedeutende Rolle als Geisteszentrum im späten 18. und frühen 19. Jahrhundert. Rund 100 Jahre später wird die thüringische Kleinstadt Geburtsort der ersten demokratischen Verfassung Deutschlands und sogar namensgebend für eine politische Epoche der ganzen Nation,

Das Goethehaus am Frauenplan, ein lang gestrecktes Barockgebäude aus dem Jahre 1709, bewohnte der Dichter erst als Mieter und von 1792 an bis zu seinem Tode 1832 als Eigentümer. Schon 1886 wurde das Vorderhaus als Memorialstätte eröffnet.

Das Römische Haus ist neben dem Gartenhaus Goethes eine besondere Attraktion im Park an der Ilm. Das tempelartige Gebäude entstand 1792–1797 als erstes klassizistisches Bauwerk in Weimar.

denn als Folge der verfassungsgebenden Nationalversammlung von 1919 im ehemaligen Hoftheater in Weimar, wurde Deutschland zur Weimarer Republik.

Mit Bedacht hatten die Abgeordneten diesen Tagungsort gewählt, weit abseits der von Unruhen geplagten Großstädte. Hier ließ sich der einzigartige humanistische Geist der Weimarer Klassik beschwören, und in unzähligen Reden zitierten die Politiker genau jene berühmte kulturelle Epoche der Stadt. Umgekehrt ist dieser wechselseitige Bezug von Kultur und Politik auch im Klassischen Weimar wiederzufinden. Oft wird die Stadt in diesem bedeutsamen Geschichtsabschnitt als die Stadt Goethes bezeichnet. Gewirkt hat der große Denker in Weimar auch auf ganz untypische Art, nämlich als Minister und Politiker. „Regieren!", schrieb er dick in sein Tagebuch, als er sich im Frühjahr 1776 entschloss, endgültig in Weimar zu bleiben.

Der glücklichen Kombination von weitsichtiger Diplomatie und sensiblem Kunstsinn verdankt Weimar seinen Aufstieg zum Brennpunkt europäischer Geistesströmungen. Über beide Eigenschaften verfügte Herzogin Anna Amalia, die 16 Jahre lang die Geschicke des Herzogtums lenkte. Mit umsichtiger Regierungspolitik und der Förderung von Kunst und Literatur schuf sie die Voraussetzungen für die spätere Bedeutung Weimars als kultureller Mittelpunkt Deutschlands und Europas.

Mit zwei Persönlichkeiten begann der fulminante wirtschaftliche und kulturelle Aufschwung der Stadt. Der erste Auslöser war die Verpflichtung Christoph Martin Wielands, den die früh verwitwete Anna Amalia 1772 als Erzieher für ihren ältesten Sohn an den Hof geholt hatte. Wieland kam nicht als Unbekannter nach Thüringen. Der Professor für Philosophie und Geschichte an der Universität Erfurt war schon als Verfasser des ersten deutschen Bildungsromans „Agathon" bekannt geworden. In Weimar machte er bald mit der Herausgabe der Zeitschrift „Teutscher Merkur" Furore, ein Blatt mit starken humanistischen Ausprägungen und Tendenzen gegen die französische Überfremdung. Für die Nachwelt wurde diese Zeitschrift zur bedeutendsten ihrer Art im 18. Jahrhundert.

Kein Geringerer als Johann Wolfgang von Goethe war der zweite große Name, den Weimar für sich gewinnen konnte. Die persönliche Freundschaft zu dem inzwischen herangewachsenen Regenten Karl August, vor allem auch der Reiz einer neuartigen und verlockenden Aufgabe, hatten ihn nach Thüringen geführt. Was Goethe zusammen mit dem Herrscherhaus und Künstlerkollegen in den über 50 Jahren bis zu seinem Tod in Weimar leistete, ist in Umfang und Vielseitigkeit unbeschreibbar. Mit seinem Einzug in die Stadt begann für Weimar eine Zeit, die ihren Namen in aller Welt bekannt machen sollte.

Im Wohnhaus Schillers wurde 1847 die erste Weimarer Dichter-Gedenkstätte eingerichtet. Schiller hatte das Haus 1802 erworben und lebte hier zusammen mit seiner Frau Charlotte und den vier Kindern bis zu seinem Tode 1805. Besonders sehenswert ist das weitgehend authentisch ausgestattete Arbeitszimmer im Mansardgeschoss.

Eine kleine Ackerbürgerstadt, unansehnlich und hoch verschuldet, fand Goethe bei seinem Eintreffen 1775 vor und begann bald damit, diese Verhältnisse grundlegend zu verändern. Seine Karriere war zunächst die eines Politikers, eines hart arbeitenden Ministers und Krisenmanagers in den höchsten Regierungsämtern des Herzogtums. In dieser für ihn untypischen Rolle hatte er außergewöhnlichen Erfolg und war maßgeblich an der städtebaulichen und konjunkturellen Blüte der Stadt beteiligt. Ab 1790 folgte Goethe wieder seinen eigentlichen, künstlerischen Wurzeln und seiner wissenschaftlichen Neugier. In seinem Wohnhaus, einem ansehnlichen, lang gestreckten Barockbau, widmete er sich auch seiner viel geliebten Farbenlehre. Hier wurde auch der berühmte „Faust" vollendet. Von der öffentlichen Politik hatte er sich weitgehend zurückgezogen, viele Aufgaben im städtischen kulturellen Bereich lagen ihm aber immer noch am Herzen. Bis zu seinem Tode am 22. März 1832 blieb Goethe in Weimar. Dieses Datum gilt heute als Endpunkt der Weimarer Klassik.

Goethes Pionierarbeit in seinen ersten Jahren in Weimar und der folgende wachsende Bekanntheitsgrad der Stadt machte sie zum Anziehungspunkt für viele Künstler und Gelehrte. Viele berühmte Persönlichkeiten, wie zum Beispiel Friedrich Schiller, folgten dem magischen Ruf der Stadt. Ihre Hinterlassenschaften sind nicht nur literarische Werke, die in einzigartiger Weise weltoffene und humanistische Inhalte wiedergeben, sondern auch öffentliche und private Gebäude von großer kunsthistorischer Bedeutung. Weimar verfügt heute über eine seltene Dichte authentischer Denkmäler, die Lebenswelt der Dichter und ihrer Mäzene widerspiegeln. Sie stellen ein weit reichendes Spektrum vorbildhafter Leistungen dar, zu denen Architektur, Städtebau und sogar Landschaftsgestaltung gehören. Die UNESCO hat deshalb dieses einmalige Ensemble 1998 in ihre Welterbeliste aufgenommen.

Allein in den Wohnhäusern Goethes und Schillers, heute öffentlich zugängliche Gedenkstätten, bündelt sich eine unglaubliche Vielfalt geschichtlicher Information. Die authentisch erhaltenen Ausstattungen und Sammlungen in den Häusern sind unschätzbare Zeugnisse dichterischer und wissenschaftlicher Arbeit. Die originale Wohnung Christoph Martin Wielands hat sich nicht erhalten. Ihm zu Ehren wurde im Wittumspalais ein Museum eingerichtet. Das stolze Barockpalais diente Herzogin Anna Amalia als Witwensitz und enthält prächtige Repräsentationsräume.

Johann Gottfried Herder war im Jahre 1776 nach Weimar berufen worden und bis zu seinem Tode 1803 als Generalsuperintendent und Oberhofprediger oberster Geistlicher des Herzogtums. Die Stadtkirche St. Peter und Paul, das dahinter liegende Wohnhaus Herders und das nahe gelegene Wilhelm-Ernst-Gymnasium, 1715/16 als Schulhaus errichtet, erinnern noch heute als authentische Zeugnisse an Leben und Wirken des führenden Vertreters des klassischen deutschen Humanismus.

In der reichen Denkmallandschaft der Stadt ist das ehemalige Residenzschloss der Weimarer Großherzöge das wohl bedeutendste Baudenkmal. Nach einem Brand im 18. Jahrhundert erfolgte der Wiederaufbau durch Herzog Carl August. Unter prägender Mitwirkung Goethes entstanden dabei klassizistische Räume von allerhöchstem Rang.

Zu dem Ruf Weimars als Zentrum der Literatur gehört auch die bedeutende Anna-Amalia-Bibliothek. Die Herzogin ist Namenspatronin für die Bibliothek im Grünen Schloss, denn ihr ist die Umgestaltung des kleinen Palastes zum Bibliotheksgebäude in den Jahren 1761–1766 zu verdanken. Dabei entstand auch das Schmuckstück der Bibliothek, der noble Rokokosaal im ersten Stock. Von 1797 bis zu seinem Tode betreute und vermehrte Goethe die Bestände und reihte sie schon zu Lebzeiten in die Galerie der zwölf bedeutendsten Bibliotheken ganz Deutschlands ein.

Eine ganz andere Seite der Lebenskultur um 1800 zeigen die Schlösser und Parkanlagen in Weimar und der näheren Umgebung. Gestaltete Natur im Stil der englischen Landschaftsgärten ist der Park an der Ilm – Goethes lebendigste Schöpfung, wie es heißt, weil sie sich jedes Jahr erneuert. In dieser romantischen Ilm-Auenlandschaft liegt auch das Gartenhaus, in dem Goethe die ersten sechs Jahre nach seiner Ankunft in Weimar gelebt hat. Ein besonderes Juwel des Parks ist das 1792–1797 erbaute Römische Haus, das erste klassizistische Bauwerk in Weimar.

Nicht zu trennen von der Kultur der Innenstadt sind die malerisch gelegenen Landsitze rund um Weimar. Ob Schloss Belvedere, Schloss Ettersburg oder Schloss Tiefurt, sie alle vermitteln noch heute das Flair des naturnahen literarisch-geselligen Lebens. Hier luden die Herrscher ihre Künstler ein und genossen gemeinsam die Schönheiten aus der Welt der Dichtung und Musik.

Viele Persönlichkeiten aus dem Weimarer Kultur- und Geistesleben sind auf dem neuen, 1818 geweihten Friedhof beigesetzt. In der 1825–1827 erbauten Fürstengruft fanden auch Goethe und Schiller ihre letzte Ruhestätte.

Kleine wunderliche Welt – so wird Weimar oft beschrieben. Klein ist Weimar in der Tat, doch neben der reizvollen Enge seiner Straßen, Gassen und Plätze hat sie auch stattliche Räume ganz besonderer Art zu bieten. Ihre Schlösser und Palais mit großartig ausgestatteten Räumen und die Weiten der gestalteten Parkanlagen sind heute authentisch erhaltene Schauplätze einer herausragenden Epoche von Kunst und Kultur. Aus dem Geist dieses Ortes lebt bis heute eine vitale Kulturszene, die Veranstaltungen und Festivals von internationalem Rang hervorbringt. Im Jahre 1999 war Weimar sogar Kulturstadt Europas.

Herzogin Anna Amalia ließ 1761–1766 das Grüne Schloss aus dem 16. Jahrhundert zu einem Bibliotheksgebäude umbauen.

Herzstück des Bauwerks ist sein repräsentativer dreigeschossiger Rokokosaal mit kostbaren Buch- und Kunstsammlungen.

Weltkulturerbe Deutschland Aufnahme 1999

Im fernen afrikanischen Marrakesch wurden die Bemühungen der Wartburg-Stiftung belohnt. Die 23. Sitzung des Welterbekomitees der UNESCO hatte dort 1999 beschlossen, die sagenumwobene Wartburg in die Liste des Weltnatur- und Kulturerbes aufzunehmen. Nur ein knappes Jahr später wurde dieser Beschluss konkret. Am 15. Septem-

Die Wartburg

ber 2000 war die Wartburg, hoch über dem thüringischen Eisenach gelegen, als erste deutsche Burganlage offiziell Weltkulturdenkmal geworden.

Als zutiefst deutsches Kulturdenkmal bezeichnete der Präsident der Deutschen UNESCO-Kommis-

Eines der beliebtesten Wartburg-Motive ist das reizvolle Fachwerkensemble von Wehrgang und Burgvogtei im Westen der Vorburg. Die Vogtei mit ihrem spätgotischen „Nürnberger Erker" (heute eine Kopie) diente vermutlich einem Sicherheits- und Wachdienst der Burg als Aufenthaltsort. In zwei Räumen des Gebäudes hielt sich Martin Luther während seines Aufenthaltes auf der Wartburg auf.

Die Wartburg, malerisch über den dicht bewaldeten Höhen des Thüringer Waldes gelegen, in der Ansicht von Osten mit Palas, Neuer Kemenate, „Bergfried" und Elisabethengang, ist eine der bekanntesten und beliebtesten Burgen. Im Laufe ihrer 900-jährigen Geschichte war sie immer wieder Schauplatz bedeutender Höhepunkte deutscher Kultur.

sion, Professor Dr. Klaus Hüfner, die Burganlage bei der feierlichen Übergabe der Urkunde im Festsaal der Burg, mahnte aber zugleich vor zeitgenössischen aggressiven, fremdenfeindlichen Tendenzen: Wo die Vergegenwärtigung eigener Identität so stark erlebbar werde, sollte in besonderem Maße die Offenheit und das Interesse für andere Kulturen entwickelt werden. „Unsere eigene Geschichte und Zukunft ist die Geschichte und Zukunft der ganzen Menschheit", so der prominente Redner.

Unglaublich vielschichtig ist der Bedeutungsgehalt der Wartburg, und ihre Mauern repräsentieren ein wahres Fundhaus berühmt gewordener Begebenheiten ganz unterschiedlichster Art. Zu den außergewöhnlichen Ereignissen der über 900 Jahre langen deutschen Geschichte zählen der Aufenthalt Martin Luthers mit der revolutionären Übersetzung des Neuen Testaments, der sagenhafte Sängerkrieg im Mittelalter und das Leben und Wirken der heiligen Elisabeth. Berühmt geworden ist die Wartburg auch durch das Fest der Burschenschaften, die hier 1817 mit 500 Teilnehmern den 300. Jahrestag der Reformation und den 4. Jahrestag der Völkerschlacht bei Leipzig, der Befreiung Deutschlands von der Herrschaft Napoleons, feierten. Bei dieser Versammlung wurden auch erstmals freiheitliche, demokratische Reformen für Sachsen-Weimar und das übrige Deutsche Reich laut.

Zu diesen kulturellen Werten von ganz universeller Bedeutung – so die offizielle Würdigung der UNESCO – gehört ihre Lage an der ehemaligen innerdeutschen Grenze. Sie galt dadurch stets als Symbol deutscher Integration und Einheit. Bemerkenswert ist auch die Geschichte und der Aufstieg ihrer Burgherren vom einfachen Ministerialengeschlecht bis hin zum deutschen Königtum. Damit genießt sie den ungewöhnlichen Rang des Denkmals einer feudalen Epoche Mitteleuropas. Bekrönt wird die lange und bedeutungsvolle Geschichte im 19. Jahrhundert. Spektakuläre Bau- und Restaurierungsmaßnahmen formten die Burg zu einem Gesamtkunstwerk und deutschen Nationaldenkmal.

Wartburg – so hieß auch ein Produkt aus der traditionsreichen Eisenacher Automobilschmiede, das dem Käufer bis zum Erhalt Jahre voller Vorfreude garantierte. Um Geduld geht es auch im Kernsatz der Gründungssage, die den Namen und die Entstehung der einstigen Landgrafenfeste erklärt: „Wart' Berg, du sollst mir eine Burg werden", soll Graf Ludwig der Springer bei der Rast während eines Jagdausfluges im Jahre 1067 ausgerufen haben.

Ob sich der Berg von dem adeligen Besucher beeindrucken ließ und wie eine erste Befestigung ausgesehen hat, verrät uns die Geschichtsschreibung nicht. Bessere Erkenntnisse gibt es zu der

In der Elisabethkemenate soll die hl. Elisabeth bis 1228 gewohnt haben. Ihr zu Ehren wurde der Raum 1902–06 im Auftrag Kaiser Wilhelms II. mit mehr als einer Million Steinen, Glas, Perlmutt und Blattgold prachtvoll ausgestattet.

heutigen Burg. Baubeginn war im Winter 1155 mit der Errichtung der unteren drei Geschosse des Palasbaus. In der Folge wurde die Burg umfassend ausgebaut, der Palas erhielt dabei ein weiteres Stockwerk und eine prachtvolle Ausstattung von 170 Säulen und meisterhaften Kapitellen aus den Händen einer niederrheinischen Bauhütte. Er gilt heute als besterhaltener Profanbau nördlich der Alpen.

Bauherren und Besitzer der Burg waren die Thüringer Landgrafen, in der Geschichtsschreibung Ludowinger genannt, trugen doch viele ihrer Erstgeborenen den Namen Ludwig. Das Rhein-Main-Gebiet war die ursprüngliche Heimat dieses Grafengeschlechts, bevor sie sich im Thüringer Wald ansiedelten und innerhalb weniger Jahrzehnte ihren Besitz im heutigen Thüringen, Hessen und Niedersachsen vervielfachten. Es war aber nicht nur eine wirtschaftliche Erfolgsgeschichte, denn der letzte Ludowinger, Heinrich Raspe IV., starb 1247 sogar im Rang eines deutschen Königs. Eine geschickte Diplomatie, gepaart mit raffiniert ausgeklügelter Heiratspolitik und skrupellosem Landraub, waren die Eckpfeiler ihres unaufhaltsamen Aufstieges. Politisches Kalkül und nüchternes Streben nach Macht beleuchten aber nur eine Seite ihres Erfolges. Hermann I. ging auch als hochgebildeter und freizügiger Förderer der höfischen Epik in die Geschichte ein. Um 1200 war die Burg deshalb beliebter Treffpunkt von bekannten Dichtern und Sängern wie Walther von der Vogelweide und Wolfram von Eschenbach. Hermann I. gilt auch als Veranstalter des berühmten Sängerkrieges von 1206/07. Dieses Ereignis und sein Schauplatz spiegeln sich noch heute in Richard Wagners Oper „Tannhäuser" wider.

Ludwig IV. trat als Nachfolger Hermanns I. ein wohl organisiertes Erbe an und heiratete 1221 die ungarische Königstochter Elisabeth. Nachdem ihr Gatte auf einem Kreuzzug tödlich erkrankt war, zog sich die fromme Landgräfin aus dem weltlichen Leben zurück, gründete Hospitäler und widmete ihr Leben in asketischer Aufopferung den Kranken und Hilfsbedürftigen. Kaum eine Heilige des Mittelalters hat eine solche Popularität erlangt wie Elisabeth, Fürstin und Heilige in einer Person. Mit ihrem Namen sind noch heute weltweit Krankenhäuser und christlich-karitative Einrichtungen verknüpft. Franz Liszt komponierte ihr zu Ehren „Die Legende der heiligen Elisabeth". Das Oratorium wurde 1867 unter seiner Leitung auf der Wartburg anlässlich der 800-Jahr-Feier der Burg aufgeführt.

War die Burg schon im Mittelalter als Zentrum politischer und kultureller Ausstrahlung bekannt, sollte sie im ausgehenden 16. Jahrhundert denkmalhafte Züge annehmen. Von Mai 1521 bis März 1522 hatte sich hier der gebannte und geächtete Martin Luther versteckt. Mit Bart und langen Haaren getarnt, als Ritter verkleidet, wurde er zum „Junker Jörg". Unter dem Schutz dieser falschen Identität übersetzte er auf der Wartburg das Neue Testament aus dem griechischen Urtext in die deutsche Sprache. In der heute so genannten „Lutherstube", seinem bescheidenen Arbeitsplatz, hat er angeblich einmal dem Teufel ein Tintenfass nachgeworfen, um diese Erscheinung zu vertreiben. Der heute immer noch verdächtig frische Fleck gehört mit zu den Hauptattraktionen der Burg. Johann Wolfgang von Goethe, häufiger Gast auf der Burg, sah in der Übersetzung ein nationales Ereignis: „Und so sind denn die Deutschen ein Volk erst durch Luther geworden", würdigte er 1819 die Leistung Luthers.

Die Wertschätzung dieser nationalen Inhalte, der spätromantische Geist der Mittelalterverehrung und die nationalen Sehnsüchte einer zersplitterten politischen Landschaft in Deutschland waren tragend für die aufwendigen und prächtigen Wiederaufbaumaßnahmen im 19. Jahrhundert. Längst verschwundene Teile, wie der Bergfried und die Dirnitz (mittelalterlich „Dornze" oder „Dornzin", ein beheizbarer Raum) wurden auf ihren alten Fundamenten behutsam rekonstruiert und die Burg mit den malerischen Attributen einer Ritterburg wie Erkern und Zinnen geschmückt. Auch der Festsaal im Palas erfuhr bis 1867 eine prachtvolle Neuausgestaltung. Ein Freskenzyklus von Moritz von Schwind, der heute zu seinen besten Schöpfungen zählt, schmückt die Innenräume und erinnert eindrucksvoll an die Landgrafensage, den Sängerkrieg und an die Elisabethlegende. Namhafte Künstler hatte der Bauherr Carl Alexander von Sachsen-Weimar-

Die Lutherstube, ein einfacher holzvertäfelter Raum, gehörte zum Wohn- und Arbeitsbereich Martin Luthers während seiner „Schutzhaft" auf der Burg 1521/22. Hier übersetzte er das Neue Testament aus einem griechischen Urtext in die deutsche Sprache.

Eisenach unter Vertrag genommen, um „die Wartburg zu einer Art Museum für die Geschichte unseres Hauses, unseres Landes, ja von ganz Deutschland zu machen".

Aus der Sicht des 20. Jahrhunderts sind seine Wünsche mehr als in Erfüllung gegangen. Die Innenräume wirken heute allerdings mehr wie die lebendige Inszenierung einer üppigen romantischen Oper des Mittelalterkults als ein Ort musealer Ruhe, und die qualitätsvolle Architektur krönt das Fürstendenkmal zu einem weithin wirkenden und strahlenden Gesamtkunstwerk. Mit den Werten von Nation, Religion und Kultur wurde die Wartburg wahrlich ein Denkmal für die Deutschen und für die Welt.

**Weltkulturerbe
Deutschland
Aufnahme 1999**

Im 19. Jahrhundert entstand in Berlin, der vormaligen Residenzhauptstadt der preußischen Könige, ein Zentrum von Forschung und Vermittlung, das im Laufe der Jahrzehnte Weltruhm erlangte. Ein besonderes kulturgeschichtliches Denkmal dieser Zeit ist die Museumsinsel, heute in Berlin-Mitte, zwischen Spree und Kupfergraben auf der Spreeinsel. Fünf

Die Museumsinsel in Berlin

Mit der Eröffnung des „Alten" Museums 1830 beginnt die Geschichte der Berliner Museumslandschaft auf der Spreeinsel. Eine Säulenhalle mit 18 ionischen Säulen oberhalb einer großartigen Freitreppe ist der Eingang zu dem Museumsgebäude. Das Bauwerk des Architekten Karl Friedrich Schinkel zählt heute zu den wichtigsten klassizistischen Bauten Berlins.

Das Bode-Museum veranschaulicht am deutlichsten den Inselcharakter der UNESCO-Welterbestätte. Der eindrucksvolle Museumsbau an der Spitze der Spreeinsel nahm neben reichen Beständen der Renaissance auch das 1904 gegründete islamische Museum und das Münzkabinett auf, eines der bedeutendsten Sammlungen im europäischen Raum.

Die aufwendige Ausstattung des repräsentativen Haupttreppenhauses im Neuen Museum veranschaulicht das Aquarell von Hedwig Schultz-Voelcker um 1910.

Die doppelläufige Treppe endet im obersten Geschoss vor einer Nachbildung der Korenhalle des Erechtheions auf der Akropolis zu Athen.

Museumsbauten von außerordentlicher architekturgeschichtlicher Bedeutung und Wirkung befinden sich auf der nördlichen Spreeinsel. Das Pergamon-Museum, das Alte Museum, die Nationalgalerie, das Bode-Museum (ehemals Kaiser-Friedrich-Museum) und das Neue Museum bewahren Kunstwerke aus den verschiedensten Kulturbereichen und Epochen, europäischen wie außereuropäischen, frühzeitlichen wie neuzeitlichen. Die UNESCO hat die Museumsinsel in Berlin im Dezember 1999 zum Weltkulturerbe erklärt. Das Welterbekomitee hat damit die besondere architektonische und städtebauliche Bedeutung der dort versammelten Bauten und zugleich die herausragende Rolle, die dieses Ensemble für die Idee des Museums und seine Verwirklichung einnimmt, gewürdigt.

Geistesgeschichtlich ist das öffentliche Museum ein Ergebnis der Aufklärung und geprägt von dem großen Vorbild des Louvre in Paris. Die Öffnung fürstlicher Sammlungen und Schatzkammern für die Allgemeinheit war eine Forderung seit der französischen Revolution. Eine entsprechende Kabinettsorder des preußischen Königs Friedrich Wilhelm III. war richtungweisend für die Gründung der Berliner Museen. Am 29. März 1810 verfügte der König, „in Berlin eine öffentliche, gut gewählte Kunstsammlung anzulegen". Eine Kommission unter Leitung von Wilhelm von Humboldt entwarf die Einrichtung mit dem Leitgedanken „erst erfreuen, dann belehren". 1822 erhielt Karl Friedrich Schinkel den Auftrag für einen Museumsneubau im Norden der Spreeinsel, und mit der Fertigstellung und Eröffnung des (Alten) Museums 1830 beginnt die Geschichte der „Museumsinsel", wie der nördliche Teil der Spreeinsel seit dem 19. Jahrhundert bezeichnet wird.

Schinkel entwarf ein Gebäude, das jeden Betrachter sofort an klassische Vorbilder denken lässt. Eine breit gelagerte Säulenfront von 18 ionischen Säulen erinnert an einen antiken Tempel, und dennoch ist der Entwurf eine eigenständige Neuschöpfung des 19. Jahrhunderts und zeigt die einmalige Idee des Architekten zur Lösung der besonderen Bauaufgabe. „Die Vorderfront ... öffnet sich dem ganzen Volke" heißt es schon in einer Beschreibung von 1872. Hinter dieser Front verbergen sich Innenhöfe und Sammlungsräume mit einem Kuppelraum, der sich am Vorbild des römischen Pantheon orientiert. In der zentralen Rotunde sollten, so die Vorstellung des Architekten, herausragende Kunstwerke aller Epochen ausgestellt werden, die Summe des geistigen Erbes als Bildungsziel für das Auge des Betrachters. Die besondere städtebauliche Bedeutung ergibt sich aus der Stellung des Museumsbaus direkt gegenüber dem höfischen Schloss. Mit der öffentlichen Kunstsammlung steht die bürgerliche Forderung auf Teilhabe unübersehbar im Stadtraum.

Das Alte Museum des 19. Jahrhunderts bewahrte und zeigte im Hauptgeschoss antike Skulpturen und im Obergeschoss eine Galerie neuzeitlicher Gemälde. Im Erdgeschoss waren das so genannte Antiquarium und das Kupferstichkabinett untergebracht.

*D*as Pergamon-Museum war der letzte und zugleich größte Neubau auf der Museumsinsel (1907–1930). Der Eingang mit seiner eher sachlich schmucklos anmutenden Fassade birgt gebäudehohe Säle für herausragende Kunstwerke wie dem Pergamon-Altar, dem Markttor von Milet und die Sammlung hellenistischer Baukunst.

Schinkels Museumsbau teilte das Schicksal fast aller Museumsgebäude der Welt, indem es sich schon bei seiner Eröffnung als zu klein erwies. Im Jahre 1841 fasste König Friedrich Wilhelm IV. den entscheidenden Plan, „die ganze Spreeinsel hinter dem (Altem) Museum zu einer Freistätte für Kunst und Wissenschaft umzuschaffen". Das Zusammenwirken von Sammlung und Erforschung, die der königliche Erlass mit diesen Worten betonte, wurde wegweisend für die Berliner Museen. Bis heute gehören die enge Verbindung zur universitären Forschung und eigene Beiträge zur Wissenschaft und Museumsgeschichte zu ihrem Selbstverständnis.

Zwischen 1843 und 1845 entstand ein weiterer Museumsbau, das Neue Museum, um die ägyptischen Sammlungen, die sich erheblich vergrößert hatten, die grafische Sammlung und das Kupferstichkabinett aufzunehmen. Dieser Nachfolgebau zeigte den Historismus in seiner vollen Blüte. Reich dekorierte Schausäle demonstrierten eindrucksvoll die neu gewonnenen Geschichtserkenntnisse: Wie in einer Breitwand-Inszenierung wurden die jeweiligen historischen Epochen in den Räumen dargestellt.

Die Pläne für das Neue Museum hatte Friedrich August Stüler entworfen. Er entwickelte auch die Idee eines weiteren Gebäudes in Gestalt eines römischen Tempels, das für die Nationalgalerie verwirklicht wurde. Das Bauwerk sollte der zeitgenössischen Kunst, einer Sammlung deutscher Malerei jüngerer Zeit, einen würdigen Rahmen geben und zugleich „eine mit Mitteln der Kunst gebildete Selbstdarstellung der Nation" schaffen. Der Neubau stand auch stellvertretend für diese neu erwachten politischen Ambitionen und wurde Ort und Ausdruck nationaler Selbstbestimmung.

Dieser Anspruch sollte einige Jahrzehnte später mit der Errichtung des Denkmals für Kaiser Friedrich III. vor dem 1904 neu hinzugekommenen vierten Museumsgebäude, dem Kaiser-Friedrich-Museum, erneuert werden. Der Baustil dieses Museums war allerdings ein ganz anderer. Der mächtige, in den Jahren zwischen 1898 und 1903 entstandene Baukomplex spiegelt „stilreinen" Barock ganz nach dem Verständnis der Gründerzeit wider. Heute ist das Bauwerk nach Wilhelm von Bode benannt, dem die Berliner Museumslandschaft einen wesentlichen Teil ihres Weltruhms verdankt. Wilhelm von Bode war von 1905 bis 1920 Generaldirektor der Königlich Preußischen Museen.

Als letzter und zugleich größter Neubau kam von 1907 bis 1930 das Pergamon-Museum zur Ausführung. Nach erfolgreichen Ausgrabungskampagnen der wilhelminischen Kaiserzeit waren bedeutende architektonische Monumente nach Berlin gekommen, die entsprechend große Ausstellungsräume benötigten – glanzvolle Funde, wie die Fragmente der Prozessionstraße von Babylon, das römische

Markttor von Milet und das Wüstenschloss von Mschatta aus frühislamischer Zeit. Namensgebend für das Pergamon-Museum ist der Pergamon-Altar aus dem 2. Jahrhundert nach Christus. Die bedeutenden Funde und Ausstellungsstücke erhielten mit dem Museumsbau in den Formen des preußischen Neuklassizismus eine architektonisch zurückhaltende Hülle.

Die Eröffnung des Pergamon-Museums war der vorläufige Höhepunkt in der Geschichte der Bebauung der Museumsinsel. Die Sammlungen boten bis dahin einen unvergleichlich vollständigen Gang durch die abendländische Kunst und von der Antike bis in das 19. Jahrhundert.

Die Besonderheit der Berliner Museumsinsel besteht darin, dass sie diese großartigen Sammlungen in Gebäuden präsentiert, die ihrerseits die Entwicklung der Institution des Museums in der Architektur, der Raumdisposition und der Gestaltung widerspiegeln. Die Entwicklung vom universalen Bildungsideal eines Wilhelm von Humboldt, veranschaulicht in Schinkels Altem Museum, bis zur wissenschaftlich hochdifferenzierten Rekonstruktion von Grabungsfunden und Monumentalbaudenkmälern, wie sie die Objekte im Pergamon-Museum vorführen, wird in der Baugeschichte der Museumsinsel unmittelbar sichtbar. Darin unterscheiden sich die Berliner Museumsbauten von vergleichbar großen und geschichtsträchtigen Museen wie dem Louvre, der Eremitage oder jüngeren Museumsgründungen wie dem Metropolitan Museum in New York.

Aus dem Reich der Assyrer und dem 7. Jahrhundert v. Chr. stammt die Stele mit dem „Bericht des Sieges König Asarhaddons von Assyrien über Ägypten". Das aus Basalt gearbeitete, 3,46 Meter hohe Werk gehört zu den außergewöhnlichen Ausstellungstücken des Vorderasiatischen Museums im Südflügel des Pergamon-Museums.

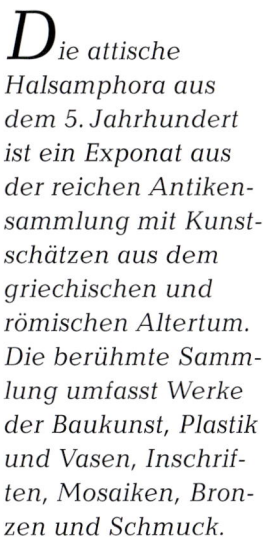

Die attische Halsamphora aus dem 5. Jahrhundert ist ein Exponat aus der reichen Antikensammlung mit Kunstschätzen aus dem griechischen und römischen Altertum. Die berühmte Sammlung umfasst Werke der Baukunst, Plastik und Vasen, Inschriften, Mosaiken, Bronzen und Schmuck.

Mit dem nationalsozialistischem Regime begann ein Weg, der fast in den vollständigen Untergang geführt hätte. Die Bombenangriffe der Alliierten seit 1943, die in dem Tagangriff vom 3. Februar 1945 ihren Höhepunkt erreichten, fügten den Gebäuden schwerste Schäden zu. Nach dem Zweiten Weltkrieg waren bis zu 70 % der Museumsbauten zerstört. Bestände, die schon zu Kriegszeiten ausgelagert waren, wurden in der Folge zerstreut. Die Verwaltung war seither auf zwei deutsche Staaten verteilt. In den folgenden Jahren richtete die ehemalige DDR die schwer beschädigten Gebäude nach und nach wieder für Ausstellungspräsentation und Publikumsverkehr her. Seit 1990 sind die Staatlichen Museen zu Berlin wieder eine Einheit unter dem Dach der Stiftung Preußischen Kulturbesitzes.

Die Folgen des Krieges und der Teilung werden seit der Wiedervereinigung durch ein umfangreiches Umbau- und Sanierungskonzept behoben, die geteilten Sammlungen neu geordnet und zusammengeführt. Die Planungen dazu wurden im Herbst 2000 in der Ruine des Neuen Museums der Öffentlichkeit vorgestellt. Mindestens zehn Jahre benötigt das behutsame und sorgfältig abgewogene Wiederherstellungskonzept noch, um den großartigen Gebäuden und einzigartigen Sammlungen auf der Museumsinsel nach altem Vorbild zu neuer Pracht zu verhelfen, der Wiedergeburt der „Freistätte für Kunst und Wissenschaft".

Weltkulturerbe Deutschland Aufnahme 2000

Kulturlandschaft Gartenreich Dessau-Wörlitz

„Wenn man das Dessauer Ländchen betritt, glaubt man in einen Garten zu kommen. Die Natur hat sehr wenig getan, aber die Kunst desto geschmackvoller nachgeholfen. Gute Wege, Dämme, mit Obstbäumen besetzt, Gebäude, welche in schönen Formen aufgeführt sind, fröhliche Landsleute – alles dies trägt dazu bei, einen guten Begriff von der Regierung des

Schon Zeitgenossen waren von Schloss Wörlitz, dem „Landhaus" Fürst Leopolds III. Friedrich Franz von Anhalt-Dessau, begeistert. Der Sommersitz des Herrschers gilt als Gründungsbau des Klassizismus in Deutschland. Zu seiner authentisch erhaltenen Innenausstattung gehört auch der Speisesaal. Die Wörlitzer Anlagen bilden den künstlerischen Höhepunkt des Gartenreiches.

Landes zu erwecken", ist einem Wanderführer von 1796 zu entnehmen.

Dieses „Dessauer Ländchen" liegt heute in Sachsen-Anhalt und ist weltweit bekannt als Gartenreich Dessau-Wörlitz. Vom Kühnauer Park im Westen über den Sieglitzer Berg direkt an der Elbe entlang bis zu den Wörlitzer Anlagen im Osten erstreckt sich auf einer Fläche von 150 Quadratkilometern ein in Europa einmaliges Gesamtkunstwerk. Mit den Wörlitzer Anlagen, dem Sieglitzer Berg, dem Luisium, Georgium und Kühnauer Berg geben fünf international bedeutende Denkmalensembles mit ihren Schlössern, Tempeln, Weideflächen, Flüssen und Seen der Region ein außergewöhnliches Gepräge.

Vermutlich stammten die ersten Entwürfe für Schloss Mosigkau von dem bekannten Sanssouci-Architekten Georg Wenzeslaus von Knobelsdorff. Das Rokokoschloss – hier in der Gartenansicht von Süden – wurde in den Jahren 1752 bis 1757 erbaut. Bauherrin war die anhaltische Prinzessin Anna Wilhelmine. In ihrem Auftrag errichtet der Dessauer Baumeister Christian Friedrich Damm den Schlossbau westlich von Dessau.

Harmonisch sind die Bauwerke in das weiträumige Gartenreich eingebettet und beherbergen außergewöhnliche und wertvolle Sammlungen: das Rokokoschloss Mosigkau mit Meisterwerken flämischer und holländischer Maler oder Schloss Georgium mit über 2.000 Werken aus den anhaltinischen Fürstenhäusern, Gemälde aus der Dürerzeit und Hauptwerke von Lucas Cranach. Das Gotische Haus der Wörlitzer Anlagen birgt im Inneren eine bedeutende Sammlung schweizerischer Glasgemälde.

Mit seiner enormen geographischen Dimension und der unglaublichen Vielfalt von herausragenden Architekturen und Denkmälern wirkt das Gartenreich fast unüberschaubar. Als ein Reiseführer von 1843 dazu bemerkte: „der Leser erwarte nun nicht eine vollständige Schilderung aller schönen und anmuthigen Punkte… noch eine Andeutung der Gefühle, welche jeder Punkt im gefühlvollen Wanderer erweckt", wollte er sich nicht einer korrekten Beschreibung entziehen. Mit seiner besonderen Gestaltung ist der Landschaftsgarten rational kaum zu erfassen. Er schreibt keine besondere Abfolge vor, ordnet sich keinem gerasterten oder geometrischen Entwurfssystem unter und hat nicht einen zentralen Höhepunkt, sondern unzählig viele. Weder Zäune noch gepflanzte Begrenzungen schreiben dem Besucher den Weg vor, „keine Höhe zieht das Verlangen an einen einzigen Punkt; man streicht herum ohne zu fragen, wo man ausgegangen ist und wohin man kommt", schildert Johann Wolfgang von Goethe seine Eindrücke in dem ungewöhnlichen Park.

Das Gartenreich Dessau-Wörlitz ist auch bekannt für seinen berühmten Gemäldeschatz in Schloss Mosigkau. Im prächtig stuckierten Galeriesaal im Corps de Logis ist auch die flämische Malerei mit all ihren großen Meistern vertreten. Das wohl berühmteste Gemälde der Galerie stammt aus der Hand Anton van Dycks und zeigt in ganzer Figur das Knabenportrait Prinz Wilhelms II. von Nassau-Oranien.

Das Gartenreich lebt von den unterschiedlichsten anspielungsreichen Motiven. Um sie verstehen zu können, muss man den Park mit wachen Sinnen durchwandern. Architektur und gestaltete Natur verbinden sich zu dreidimensionalen Bildern, offene Gartenräume mit Wiesen und Äckern erwecken je nach Jahreszeit die unterschiedlichsten Stimmungen. Geschickt und mit genauer Kenntnis ihres Erscheinungsbildes wurden Bäume und Sträucher einander zugeordnet. Seltene Pflanzen sind vertreten wie verschiedene Wildobstarten, die sibirische Schwertlilie oder die Wassernuss. Es ist ein idealer Lebensraum für außergewöhnliche Vogelarten, Amphibien und Insekten. Auch der Biber fühlt sich hier zu Hause.

Mit einem ungewöhnlichen und modernen Parkkonzept war eine Erlebniswelt aus Kunst und Natur entstanden. In England hatte der Fürst Anlagen dieser Art bewundert, unregelmäßig und im Einklang mit der vorhandenen Natur angelegt und reich bestückt mit Kleinarchitekturen und Skulpturen. Was aber war die Absicht des Landesvaters, nicht dem zeitgenössischen Ideal des französisch absolutistischen Gartens zu folgen und – wie allgemein üblich – mit einer prachtvoll inszenierten Gartenarchitektur Vormacht über Mensch und Natur zur Schau zu stellen?

Reizvoll liegt das Schloss Luisium in einem 14 Hektar großen Garten am Rande der Stadt Dessau. Die kleine und intime Anlage widmete Fürst Franz seiner Gemahlin Luise, einer geborenen Prinzessin von Brandenburg-Schwedt (1750 – 1811). Das zwischen 1774 und 1778 errichtete Schloss gehört zu den bedeutendsten frühklassizistischen Architekturen in Deutschland.

Das Gartenreich geht zurück auf den aufgeklärten Fürsten Leopold III. Friedrich Franz von Anhalt-Dessau (1740 – 1817). Zusammen mit seinem Berater, dem Architekten Friedrich Wilhelm von Erdmannsdorff, hatte er das einzigartige Landschaftskunstwerk zwischen 1765 und 1800 geschaffen. Die wenigen Worte des Reiseführers und sein Verzicht auf eine vollständige Aufzählung treffen den Kern der Bedeutung der Wörlitzer Anlagen und die Absichten ihres Initiators. Bewusst hatte der Fürst ein ganz besonderes Parksystem gewählt, das dem Besucher die Möglichkeit gab, in freier Entscheidung seinen eigenen Weg durch die Landschaft zu finden und sich nur von sinnenhaften und emotionalen Eingebungen führen zu lassen. Nicht ohne Grund will der Reiseführer dieser grenzenlosen Vielfalt persönlicher Freiheiten nicht vorgreifen.

Fürst Franz hatte die Strömungen der aufklärerischen Reformbestrebungen frühzeitig erkannt und wusste um ihren Nutzen für den Aufbau seines kleinen Landes. Das Dessau-Wörlitzer Gartenreich war Ausdruck und Rahmen dieser Reformwünsche und Teil eines umfassenden Bildungsprogrammes aufgeklärter Kulturpolitik. Deshalb ist es auch weit mehr als ein poetisch sentimentaler Ort, denn bei der Aufklärung der Sinne durch die Erfahrung des Schönen ließ es Franz nicht bewenden.

Wichtige Eindrücke und Erfahrungen hatte er sich bei Bildungsreisen nach Italien, England und Holland erworben. In Italien bewunderte er klare, wohl gegliederte Proportionen antiker Bauwerke und der Villen Andrea Palladios, die sein Baumeister Erdmannsdorff bei der Errichtung von Schloss Wörlitz umsetzte, dem ersten klassizistischen Bau auf deutschem Boden: Elegant und mit vollendeten Proportionen fügt er sich harmonisch in Park und Landschaft ein. In England war Franz von der Gartengestaltung fasziniert und lernte Zusammenhänge von moderner Politik und menschennaher Parkkultur. Von dort mag er auch eine wichtige Botschaft mitgenommen haben: Das Beschneiden von Pflanzen im französischem Garten war gleichbedeutend mit den gesellschaftlichen Formen des Absolutismus, während der frei wachsende Baum im englischen Garten die freie Entfaltung des Menschen in einer neuen Welt symbolisierte. Einige seiner Reisen unternahm er zusammen mit Erdmannsdorff. Auch beim intensiven Studium der Deichbaukonstruktionen in Holland war sein ständiger Berater dabei und gemeinsam suchten sie nach einem Verfahren zur Sicherung der einheimischen Überschwemmungsgebiete an der Elbe bei Dessau.

Zurück in Dessau-Anhalt, gelang es ihm, mit diesen Erfahrungen ein regelrechtes Reformpaket auf den Weg zu bringen. Die Gartenanlagen wurden erweitert und mit Architekturen, Brücken und Skulpturen ausgestattet. Ackerflächen wurden in die Parks einbezogen, die von nun an mit verbesserten Deichanlagen geschützt waren. Die Pflege der Natur zur Stabilisierung der Landwirtschaft und ihre Einbindung in eine gesamte Kulturlandschaft war ein Eckpfeiler der Kulturpolitik, die damals selbstverständlich auch Sozialpolitik beinhaltete. In Dessau entstand mit dem „Philanthropinum" ein Erziehungspalast für das Bürgertum, für Immanuel Kant eine „Revolution" im Bildungswesen. Anhalt-Dessau war wie Goethe treffend bemerkte, „pädagogische Provinz" geworden und den Rahmen dazu gab eine grandiose Natur.

Der Fürst verbesserte die Armenfürsorge und die medizinische Betreuung seiner Untertanen. Er ließ eine Witwen- und eine Brandkasse gründen. In religiösen Fragen herrschte Toleranz. Der Dessauer Kabinettsrat August Rode, eine gebildete Persönlichkeit aus dem Umkreis des Fürsten, fasst das bunte Bild dieser Reformen zusammen: „Die Früchte dieser Reisen waren geläuterte Begriffe von jedem gesellschaftlichen Verhältnisse, erhöhtes Gefühl echter Menschenwürde, das besonders in England einheimisch ist, gründliche Kenntnis des vervollkommneten Kunstgeschickes und Kunstfleißes der Handwerker, der Manufakturen und Fabriken, des Acker-, Garten-, Deich- und Straßenbaus, vor allem aber durch Erfahrung geprüfte Bekanntschaft mit der Pockenimpfung, einer der allerwohltätigsten Erfindungen der Menschheit."

Friedrich Franz versuchte die Vision einer wirtschaftlich blühenden, vom Geist der Aufklärung inspirierten und auf Humanismus und Frieden ausgerichteten Gesellschaft in die Tat umzusetzen. Selten ist das Zusammenwirken von Landschaftsgestaltung und Baukunst mit einer Wirtschafts- und Sozialreform nach der Idee, „das Schöne mit dem Nützlichen zu verbinden" so umfangreich verwirklicht worden wie in Anhalt-Dessau zur Zeit von Fürst Franz.

Der Venustempel in Wörlitz entstand 1796 nach dem Vorbild des berühmten Sibyllentempels von Tivoli. Schon bei Zeitgenossen war er als „das schönste und regelmäßigste Gebäude im ganzen Park" außerordentlich beliebt. In dem allseitig offenen Tempelbau steht ein Gipsabguss der Venus von Medici, der Göttin der Schönheit und der Liebe.

Das Gartenreich Dessau-Wörlitz ist „ein herausragendes Beispiel für die Umsetzung philosophischer Prinzipien der Aufklärung in einer Landschaftsgestaltung, die Kunst, Erziehung und Wirtschaft harmonisch miteinander verbindet". So begründet das UNESCO-Welterbekomitee die Aufnahme der Kulturlandschaft in die Welterbeliste im November 2000.

„Nützlich zu sein und Gutes zu stiften sind in meinen Augen unsere Schuldigkeit und die angenehmste Beschäftigung unseres Lebens." (Fürst Leopold III. Friedrich Franz von Anhalt-Dessau, 1768)

Weltkulturerbe Deutschland Aufnahme 2000

Die Insel Reichenau im Untersee des Bodensees, heute zum Kreis Konstanz gehörend, ist mit 430 Hektar Größe von ihrer Fläche her eine kleine Insel, in ihrer Bedeutung gehört sie jedoch zu den größten Denkmälern dieser Welt. Sie gilt als herausragendes Zeugnis für die religiöse und kulturelle Rolle, die ein großes Benediktinerkloster im Mittelalter spielte. Im

Insel Reichenau

Jahre 2000 wurde die Insel als jüngstes deutsches Kulturgut in diesem Jahrtausend in die UNESCO-Liste der Welterbestätten aufgenommen.

Das einzige Beispiel einer vollständigen Kirchenschiffausmalung aus der Zeit vor 1000 nördlich der Alpen hat sich in der Kirche St. Georg in Oberzell erhalten. Die Hochwände der dreischiffigen Säulenbasilika tragen die frühmittelalterlichen Wandmalereien mit Wundertaten Christi in monumentaler Komposition.

Die komplizierte Baugeschichte der dreischiffigen Basilika St. Georg in Oberzell ist bis heute nicht vollständig entschlüsselt. Im Wesentlichen gilt der eindrucksvolle Kirchenbau aber als Gründung des Reichenauer Abtes Hatto (888–913). Hier legte er die 896 von Papst Formosus erhaltene Georgsreliquie nieder. Es war das Haupt des heiligen Georg.

Mit 40 Mönchen kam Abt Pirmin 724 auf das Eiland und gründete ein Benediktinerkloster, das unter den Karolingern zu einem monastisch religiösen und geistig kulturellen Zentrum erblühte und heute als Keimzelle der europäischen Zivilisation im frühen und hohen Mittelalter gilt.

Auf ganz außergewöhnliche und vielseitige Weise erfüllt die (frühere) Klosterinsel Reichenau die strengen Aufnahmekriterien der UNESCO. Die Insel ist in ihrer Gesamtheit ein seltenes und besonderes Zeugnis einer kulturellen Tradition. Dazu gehören das berühmte Ensemble von drei gut erhaltenen mittelalterlichen Kirchen, Meisterwerken menschlicher Schöpfungskraft, die als pulsierender Wirtschaftsorganismus das Gesicht einer ganzen Landschaft geformt hat. Noch heute lassen sich die landschaftsgestaltenden Strukturen des mittelalterlichen Klosterlebens verstehen, denn über die Jahrhunderte haben sich große Landschaftsflächen erhalten, die Zeugnis von der Kultivierung der Natur und der besonderen klösterlichen Agrarwirtschaft geben. Besondere Raritäten sind auch die naturnahen Uferbereiche und Schilfgürtel. Weit über die Hälfte der Insel im Bodensee ist als Landschaftsschutzgebiet ausgewiesen.

Ein einzigartiges Kulturdenkmal ist die Kirche St. Georg in Oberzell. Ihren weltweiten Ruhm verdankt sie ihren monumentalen ottonischen Wandmalereien mit Wunderszenen aus dem Leben Christi. Sie sind das einzige Beispiel einer vollständigen Kirchenschiffausmalung nördlich der Alpen aus der Zeit vor 1000. Die umfangreichen Untersuchungen und Restaurierungen aus den 80-er Jahren des 20. Jahrhunderts bestätigten die ungewöhnlich große Bedeutung der Kirche mit ihrer Ausstattung für die europäische Kunstgeschichte des 10. und 11. Jahrhunderts. St. Georg war eine Gründung des Abtes Hatto (888–913), einem der mächtigsten Kirchenfürsten im ostfränkischen Reich, der seit 891 sogar gleichzeitig das Amt des Bischofs in Mainz innehatte. 896 erhielt er in Rom die Georgsreliquie und legte sie vermutlich noch im gleichen Jahr, spätestens jedoch 899 in seiner neu erbauten Kirche nieder.

Nicht weniger bedeutend sind die beiden anderen Reichenauer Gotteshäuser. Die ältesten erhaltenen Teile des ehemaligen Benediktinerklosters St. Maria und Markus sind Querschiff und Altarraum der karolingischen Kreuzbasilika (816 geweiht). An sie schließen im Osten ein polygonaler gotischer Chor an, seitliche Schatzkammer und Sakristei, die auf karolingischen Grundmauern steht. Besonders markant sind der gewaltige Dachstuhl und die reich bestückte Schatzkammer in der dreischiffigen Basilika. Die ehemalige Stiftskirche St. Peter und Paul in Niederzell stammt im Wesentlichen aus dem 12. Jahrhundert, hatte aber einen jüngeren Vorgängerbau, der 799 vom alemannischen Bauherrn und Stifter Egino von Verona geweiht worden war. Sehenswert sind die prächtige Orgel und die mittelalterlichen Apsismalereien.

In Mittelzell liegen die Anfänge der „Klosterinsel Reichenau". Auf der Nordseite der Insel entstanden schon im 8. Jahrhundert ein erstes Kloster und eine erste Kirche. Der Kirchturm der ehemaligen Klosterkirche St. Maria und Markus erinnert eindrucksvoll an die lange Geschichte der bedeutenden Benediktinerabtei.

Die einstige Reichenauer Kultur hat sich nicht nur in diesen „stummen" Zeugnissen erhalten. Alte klösterliche Traditionen werden noch heute an verschiedenen Feiertagen im Jahr zelebriert. Einer davon ist das Markusfest am 25. April, bei dem Reliquienschreine in einer Prozession über die Insel getragen werden. Der höchste „Inselfeiertag", das Heilig-Blut-Fest, wird jedes Jahr eine Woche nach Pfingstmontag gefeiert. Die Feierlichkeiten erinnern an das bedeutende Ereignis im Jahre 925, als der Abtei ein byzantinisches Abtskreuz geschenkt wurde, das der Überlieferung nach Blut Christi enthalten soll.

Die Reichenau genießt das besondere Prädikat einer Welterbestätte nicht allein wegen der architektonischen Höchstleistungen und der gut erhaltenen, von Menschenhand geformten Natur. Kaiser Karl der Große war eng mit der kleinen Insel verbunden und sie wurde zum Ausgangsort politischer Aktivitäten, die ihre Spuren im gesamten Reich hinterlassen haben. Reichenauer Äbte genossen besonderes Ansehen als Räte und Beamte am Kaiserhof Karls des Großen, aber auch als Erzieher übten sie großen politischen Einfluss aus.

Der Ruhm der Klosterschule und der Bibliothek geht auf Abt Waldo (786–806) zurück, Bischof von Pavia und Regent des jungen Langobardenkönigs Pipin. Mit zu den berühmten Persönlichkeiten in der Geschichte des Klosters gehört Abt Heito, der im Alter von fünf Jahren in die berühmte Reichenauer Klosterschule kam und das Amt des Abtes von 806–823 innehatte. Er erbaute die Abteikirche im 9. Jahrhundert neu und war nicht nur enger Vertrauter des Kaisers, sondern auch sein Diplomat und politischer Gesandter. Zu den bedeutendsten Reichenauer Äbten zählt Hatto, Abt von 888 bis 913

und Erzbischof von Mainz, 891 bis 913. Im Gefolge von Arnulf von Kärnten, der sich vom Papst zum Kaiser krönen ließ, ging er 895 nach Rom und erhielt dort vom Papst Formosus die Georgsreliquie, sicherlich der wichtigste Anlass zum Bau von St. Georg. Unter Abt Hatto erlangte die Reichenau auch politische Macht. Als Erzkanzler des Reiches war Hatto Vormund Ludwigs des Kindes, des letzten deutschen Karolingerkönigs.

Die Klosterinsel erlebte eine außergewöhnlich reiche und besondere Zeit der künstlerischen und literarischen Blüte. Auf der ganzen Welt bekannt ist der Name Reichenau durch die berühmte Reichenauer Schule der Buchmalerei, einer Produktionsstätte herausragender, bildgeschmückter Handschriften des 10./11. Jahrhunderts. Rund vierzig dieser qualitätsvollen Reichenauer Codices haben sich erhalten und werden in Bibliotheken auf der ganzen Welt als besondere Schätze gehütet.

Die imposante doppeltürmige ehemalige Stiftskirche St. Peter und Paul in Niederzell stammt hauptsächlich aus dem 12. Jahrhundert. Es ist aber auch ein jüngerer Vorgängerbau aus dem 8. Jahrhundert bekannt. Von ihm zeugen archäologische Funde und eine vollständig erhaltene karolingische Chorschrankenplatte.

Die kostbaren Schreine aus der Schatzkammer der ehemaligen Klosterkirche St. Maria und Markus in Mittelzell werden noch heute an den Inselfesttagen in feierlichen Prozessionen durch den Ort getragen. Zu diesem Kirchenschatz gehört auch der wertvolle mittelalterliche Johannes- und Paulus-Schrein.

Wie sollte ein mittelalterliches Kloster aussehen? Auskunft darüber gibt ein einzigartiges Dokument, das seinen Ursprung auf der Reichenau hatte. Der großartige Klosterplan in der St. Gallener Stiftsbibliothek, eine Art Bauzeichnung für ein benediktinisches Kloster aus der Zeit um 829/30. Auf fünf zusammengenähten Pergamentblättern sind etwa 40 Gebäude verzeichnet, die ein Idealschema abbilden und weitere Klosterbauten in der Nachfolge in der gebäudlichen Zuordnung beeinflussten. In der Forschung gilt dieser Plan als Kopie eines verloren gegangenen Originalplans für das Kloster St. Gallen.

Eine außergewöhnliche literarische Rarität ist der so genannte „Hortulus", das erste europäische Gartenbautraktat, den Abt Walahfrid Strabo Mitte des 9. Jahrhunderts verfasst hat, eine Kräuterlehre, die in 27 Kapiteln den Aufbau eines idealen Gartens und 23 Heilpflanzen mit ihrer Wirkung beschreibt. „Fenchel … lockere, so sagt man, die Blähungen des Magens und fördere lösend alsbald den zaudernden Gang der lange verstopften Verdauung. Ferner vertreibt die Wurzel des Fenchels, vermischt mit Wein, Trank des Leneaeus, und so genossen, den keuchenden Husten" (Walahfrid Strabo). Der „Hortulus" war nichts anderes als das Kräutergärtlein des Klosters, denn es gilt als sicher, dass der Abt seinen eigenen Garten in Verse gekleidet hat.

Aufgrund dieser Überlieferung wurde auch heute wieder ein Kräutergarten angelegt für Duft-, aber auch Geschmacksproben der Besucher. Doch eigentlich ist die ganze Insel ein einziger großer Garten, reich an fruchtbaren Böden, Fischgründen und von einem milden Klima begünstigt. Noch heute ist die Insel Reichenau überregional für ihre landwirtschaftlichen Qualitätsprodukte bekannt, nachdem der Gemüse-, Obst und Salatanbau den einstmals vorherrschenden Weinanbau weitgehend ersetzt hatte. Noch immer verfügt das Kleinod im Bodensee über viele der Qualitäten, die sie im Mittelalter über die Grenzen hinaus berühmt gemacht haben: „Reichenau, grünendes Eiland, wie bist du vor anderen gesegnet, reich an Schätzen des Wissens und heiligem Sinn der Bewohner, reich an des Obstbaumes Frucht und schwellender Traube des Weinberges: Immerdar blüht es auf dir und spiegelt im See sich die Lilie, weithin schallet dein Ruhm bis ins neblige Land der Britannen". (Abt Ermenrich von Ellwangen, ehemaliger Schüler der Reichenau, 9. Jahrhundert)

Die aus dem Jahr 1972 stammende Konvention zum Schutz des Kultur- und Naturerbes der Welt wurde von Österreich erst Ende 1992 ratifiziert. Bedenken wegen einzelner Bestimmungen auf dem Gebiet des Naturschutzes verhinderten einen früheren Beitritt. Seitdem bzw. bis zum Ende des Jahres 2000 hat die UNESCO sechs kulturelle Stätten Österreichs in die Liste des Weltkulturerbes aufgenommen. Zu ihnen zählen zunächst Schloss und Park von Schönbrunn, ein Baudenkmal, das als monumentalstes und bedeutendstes der Kaiserlichen Schlösser Aufstieg und Glorie des Habsburger Reiches repräsentiert und von einer der außergewöhnlichsten barocken Gartenanlagen der Welt, einem unikalen Denkmal von unschätzbarem Wert, umgeben ist.

Weiters stehen zwei Stadtdenkmale auf der Liste: Zum einen die Altstadt von Salzburg als geistiges Zentrum Mitteleuropas mit einer bis in die Frühzeit der abendländischen Kultur zurückreichenden Geschichte, in der sich gotische und barocke Baudenkmäler von Weltrang zu einem einzigartigen, von der Veste Hohensalzburg dominierten städtebaulichen Ensemble zusammenfügen; zum anderen die seit dem Mittelalter um den Schlossberg gewachsene Altstadt von Graz, deren architektonische Substanz von höchster Qualität sich erstaunlich geschlossen erhalten hat. Besonders hinzuweisen ist auf die außergewöhnlich reizvolle Dachlandschaft, die bis in die Gegenwart fast flächendeckend konserviert werden konnte.

Ein technisches Denkmal, die zwischen 1848 und 1854 als schöpferisch-umwälzende Ingenieurleistung erbaute Semmeringbahn, wurde ebenfalls in die Liste des Weltkulturerbes aufgenommen. Sie gilt als erste vollspurige Bergbahn der Welt und ist in ihrer harmonischen Kombination von Technologie und Natur bis heute voll in Betrieb.

Auch zwei der prominentesten österreichischen Kulturlandschaften befinden sich auf der Welterbeliste.

Die besondere Bedeutung der historischen Kulturlandschaft Hallstatt–Dachstein/Salzkammergut mit seltener Flora und Fauna, der Gletscherregion des Dachsteins und einer weitgehend unberührten Landschaft, beruht auf ihrem archäologischen Erbe. Die Salzgewinnung, deren zweieinhalbtausendjährige kulturelle Kontinuität bis in die Bronzezeit zurückreicht, hat den Reichtum der berühmten Grabfunde begründet, die als Hallstattkultur namensgebend für eine ganze Epoche der Menschheitsgeschichte weltweit bekannt sind.

Eine ganz andere, aber nicht minder bedeutende Dimension besitzt die von der Donau durchflossene Kulturlandschaft Wachau, die im Hinblick auf ihre vielfältigen landschaftlichen Strukturen sowie wegen ihrer außergewöhnlichen kunst- und kulturgeschichtlichen Denkmäler und Ensembles von der UNESCO zum Weltkulturerbe erhoben wurde. Denn dank der Ausgewogenheit von kulturhistorischen, ästhetischen und naturräumlichen Qualitäten präsentiert sich dieser Lebensraum als eine harmonische, einzigartige Symbiose zwischen Landschaft und Kultur.

Erwähnenswert in diesem Zusammenhang ist auch, dass im Rahmen der EU-Präsidentschaft Österreichs 1998 in der Wachau ein internationales Symposion stattfand, das sich mit der Definition des Begriffes „Kulturlandschaft" auseinander setzte. Die Tagungsergebnisse wurden publiziert (Denkmal-Ensemble-Kulturlandschaft am Beispiel Wachau, hrsg. vom Bundesdenkmalamt, Wien 2000; ISBN 3-85028-321-6).

Wien, August 2001

Verena Keil-Budischowsky

Dr. Verena Keil-Budischowsky
Österreichisches Bundesdenkmalamt

WELTERBE
Österreich

Weltkulturerbe Österreich Aufnahme 1996

„Wäre nicht dies wuchtige Wahrzeichen der Hohensalzburg über der Stadt, man wüsste nicht zu sagen, wo sie beginnt und endet… Überall ist die harte Linie gebrochen, die Landschaft dringt mild in die Stadt und die Stadt wieder blättert sich fächerhaft auf in den Horizont der Wiesen und Berge. Diese Kunst des harmonischen Übergangs

Die Altstadt von Salzburg

Die Getreidegasse im Herzen der Altstadt verdankt ihren Charme den hohen und schmalen, eng aneinander geschmiegten Häusern mit kunstvollen Fassaden und idyllischen Arkadenhöfen. Die sehenswerten schmiedeeisernen „Werbezeichen" der Geschäfte, Gasthöfe und Werkstätten erinnern an die kunstvoll gearbeiteten Zunftzeichen, die ihren Ursprung im Mittelalter hatten.

ist das Wunderbare und zugleich das eminent Musikalische an Salzburg." (Stefan Zweig, 1937)

Das besondere Zusammenspiel von Architektur und Landschaft verleiht der Stadt Salzburg eine Atmosphäre, die vielfach euphorisch gepriesen, oft sogar besungen worden ist. Ohne Zweifel profitiert Salzburg von seiner überaus reizvollen und romantischen Lage an einem anmutigen Fluss, eingebettet

Die heute zweifellos bekannteste Adresse in der Getreidegasse ist die Hausnummer 9, das Geburtshaus Mozarts. In dem typischen Salzburger Bürgerhaus hatte die Familie Mozart die dritte Etage gemietet. Hier wurde Wolfgang Amadeus am 27. Januar 1756 als letztes von sieben Kindern geboren. In der ehemaligen Wohnung ist heute ein Mozart-Museum untergebracht.

in die traumhaft schöne Landschaft des Salzkammerguts und überragt von der grandiosen Bergfestung. Salzburg, der Ort der Verehrung Mozarts, ist auch bekannt als Treffpunkt der Prominenz und Schauplatz einer reichen Musik- und Festspielszene. Sein weltweit anerkanntes Renommee als Kunst- und Kulturstadt verdankt Salzburg auch der geschlossen erhaltenen Altstadt, einem wahren Gesamtkunstwerk bedeutender Kunst- und Architekturdenkmäler aus nahezu allen Epochen. Dominiert von der Festung und der eindrucksvollen Silhouette vieler Kirchtürme und Kuppeln, reihen sich die Fassaden der Bürgerhäuser an Plätzen und entlang verwinkelter Gassen zu beiden Seiten der Salzach.

Das Stadtbild ist aufregend komplex und zugleich von faszinierender Einheitlichkeit. Eine reizvolle Eigenart ist der sehr italienisch anmutende Charakter. Dieses Aussehen verdankt die Altstadt von Salzburg so bedeutenden Künstlern wie dem Palladio-Schüler Vincenco Scamozzi oder Santino Solari, zu einem beachtlichen Teil aber auch ihrem Fürstbischof Wolf Dietrich von Raitenau und seiner frühbarocken Stadtplanung. Unter seiner Ägide erwarb sich die Stadt die unvergleichliche Verbindung von italienischer Großzügigkeit und mittelalterlicher Winkelromantik.

Die Bedeutung der ehemaligen fürsterzbischöflichen Residenzstadt reicht bis in die Frühzeit der abendländischen Kultur zurück. Älteste Spuren einer Besiedlung finden sich auf dem Rainberg und dem Hellbrunner Berg. Erst die Römer nutzten die geschützt gelegene Bucht zwischen Salzach und Mönchsberg. Unter Kaiser Claudius wurde „Juvavum" Municipialstadt, ein Verwaltungsmittelpunkt ohne Kastell und Lager. Mit dem Auftreten des hl. Rupert beginnt der zweite große Abschnitt der salzburgischen Geschichte, die zu einer etwa 1.100-jährigen geistlichen Herrschaft führen sollte, dem ältesten kontinuierlich bestehenden Erzbistum nördlich der Alpen.

Theatralisch inszeniert ist die Hofmarstallschwemme mit dem „Rossebändiger" von Michael Bernhard Mandl und der bemalten Rückwand mit Fresken von Joseph Ebner, die anschaulich die Temperamente der verschiedenen Pferderassen vorführen, frei nach dem Stichwerk des Stradanus „Equite seu speculum equorum…".

Keimzellen der baulichen Entwicklung sind die Klöster St. Peter und Nonnberg. Um 700 gründete der fränkische Missionar Rupert auf dem Boden des einst römischen Juvavum die Kirche St. Peter und ein Kloster, das noch heute besteht. Nur wenige Zeit später entstand auf halber Höhe des Mönchsberges für seine Nichte, die hl. Erentrudis, das Kloster Nonnberg, heute das älteste Frauenkloster im deutschen Sprachraum. Beide Anlagen wurden im Laufe ihrer langen Geschichte mehrfach umgebaut, erneuert und reich mit Kunstschätzen ausgestattet. Die Klosterkirche auf dem Nonnberg wird heute vom Geist der Gotik getragen, auch haben sich hier noch bedeutende Reste mittelalterlicher Fresken erhalten. In Salzburg, der Stadt der Türme und der Kirchen dominieren barocke Fassaden, Türme und Kuppeln. Zu den am besten erhaltenen mittelalterlichen Zeugnissen sakraler Baukunst zählt die Franziskanerkirche, die trotz mancher späterer Zutaten ihre romanische und gotische Bausubstanz am besten bewahrt hat.

Trotz der allgegenwärtigen barocken Pracht sind die älteren mittelalterlichen Spuren der Salzburger Altstadt keineswegs verborgen. Deutlich offenbaren sie sich in der dichten Bebauung schmaler und hoher Bürgerhäuser oder in einem unregelmäßigen Verlauf enger Gassen. Von der ältesten Kaufmannssiedlung am Waagplatz wuchsen die Häuserzeilen der Juden- und Getreidegasse flussabwärts. Allzu viel Raum blieb den Salzburger Bürgern allerdings nie, denn stets waren sie eingezwängt zwischen dem ungezähmt strömenden Bergfluss und dem übermächtigen, immer während wachsenden „geistlichen" Viertel mit all seinen Kirchen, Plätzen und Palästen. Eindrucksvollstes Zeugnis der mittelalterlichen Stadt und zugleich ihr weithin sichtbares Wahrzeichen ist die Festung Hohensalzburg, die wohl größte vollständig erhaltene Burganlage Mitteleuropas. Keinem der Belagerer ist es je gelungen, die mächtige Burg einzunehmen. Die Wurzeln ihrer 900 Jahre langen Geschichte liegen

Der üppige, plastisch stark ausgeformte Stuck mit fantasiereichen Figuren und Putten, schwungvollen Girlanden, Pflanzen und Kartuschen im Salzburger Dom ist das Werk des Italieners Giuseppe Bassarino und seiner Helfer aus der Zeit um 1630.

im 11. Jahrhundert, in einer Zeit der Auseinandersetzung zwischen Papst und König, dem so genannten Investiturstreit. Erste Burganlagen ließ der papsttreue Erzbischof Gebhard (1060–1088) errichten. Unter Erzbischof Konrad I. (1160–1147) wurden nicht nur die Befestigungsanlagen weiter ausgebaut, sondern es wurde auch die erste Stadtmauer errichtet. Das heutige Erscheinungsbild der Festung geht auf das 15. Jahrhundert zurück. Aus dieser Zeit stammt auch die prächtig ausgestattete und gut erhaltene so genannte „Goldene Stube".

Kein anderer Kunststil prägt die Stadt so wie der des Barock. Die umwälzenden Veränderungen in der Renaissance und im Frühbarock standen ganz im Zeichen italienischer Baumeister und ließen den Ruf vom „Rom nördlich der Alpen" entstehen. Die Anfänge des Frühbarock im Erzbistum sind aufs engste mit der Persönlichkeit des Erzbischofs Wolf Dietrich v. Raitenau (1587–1612) verknüpft. Er war als Kenner der weltlichen Genüsse, vor allem als energischer Förderer der Baukunst bekannt. Dem sinnenfreudigen Kirchenfürsten war die mittelalterliche Stadt zu eng und wohl auch zu altmodisch geworden. Als eine Brandkatastrophe 1598 den romanischen Dom stark in Mitleidenschaft gezogen hatte, nutzte er die „Gunst der Stunde" und ließ die Reste des Gotteshauses abreißen, zusammen mit 55 Bürgerhäusern, um Freiraum für eine neue „geistliche Stadt" zu schaffen. Die folgende Dombauplanung war Teil eines urbanistischen Gesamtkonzepts, in dem großzügig angelegte Plätze, der Neubau der Residenz, des Kapitelhauses und des ehemaligen Hofmarstalls wichtige Akzente einer ganz auf Repräsentation ausgerichteten Planung darstellten. Vincenzo Scamozzi war der ausgewählte Architekt für die Dombauplanung und die Gestaltung der Platzanlagen.

Seine Visionen konnte der Erzbischof nicht verwirklichen. Nach einer Salzfehde mit Bayern wurde er gefangen genommen und auf der Burg eingekerkert. Sein Nachfolger, der Vorarlberger Marcus Sitticus Graf von Hohenems (1612–1619), führte die Baupläne fort, wenn auch in bescheidenerem Umfang und mit einem neuen Architekten, dem aus Lugano stammenden Baumeister Santino Solari. Die Weihe des neuen Domes 1628 – inzwischen war Paris Graf von Lodron neuer Erzbischof – wurde mit unerhörtem Prunk gefeiert. Heute lässt sich behaupten, dass einer der bedeutendsten und frühesten Sakralbauten der frühbarocken Epoche nördlich der Alpen entstanden war. Nach Plänen Solaris wurden auch die Befestigungsanlagen der Stadt weiter ausgebaut und dabei das Schloss Mirabell mit einbezogen, das Wolf Dietrich unter dem Namen „Altenau" seiner fürstlich verwöhnten Mätresse Salome Alt errichtet hatte.

Das baukünstlerische Schaffen im 17. und 18. Jahrhundert schritt von einem Höhepunkt zum nächsten: Der Italiener Giovanni Gaspare Zuccalli kam nach Salzburg und leistete mit dem Bau der Erhardkirche im Nonntal und der Kajetanerkirche einen wesentlichen Beitrag zur Entwicklung des Zentralbaus. Die berühmten Architekten Johann Bernhard Fischer von Erlach und Lukas von Hildebrandt prägten mit eindrucksvollen Kirchen- und Schlossbauten das Antlitz der Stadt.

Seither hat sich die Altstadt von Salzburg fast unverändert erhalten und steht seit 1996 als Weltkulturerbe unter dem Schutz der UNESCO. Weltberühmt sind nicht nur ihre kostbaren Sakralbauten und Paläste, sondern auch die engen Gassen, die malerischen Arkadenhöfe, die kunstvoll gearbeiteten Portale und die reich verzierten Zunftschilder im Herzen der Stadt. Neben den unzähligen Baudenkmälern zählt der Dom mit seiner prächtigen Fassade und mächtigen Kuppel zu den eindrucksvollsten Bauwerken der Stadt. Im Taufbecken des Gotteshauses wurde sogar Wolfgang Amadeus Mozart getauft, der am 27. Januar 1756 in der elterlichen Wohnung in der Getreidegasse das Licht der Welt erblickt hatte. Sein Wohnhaus steht in der Nähe von Schloss Mirabell.

Was aber wäre die Altstadt von Salzburg ohne ihre lebendige Kulturszene? „Die Schönheit dieser Stadt steht unantastbar da, doch zurzeit der Festspiele wird sie ein Erlebnis. Sie ist der naturgegebene Mittelpunkt einer hohen Theaterkultur; hier, nur hier konnte Mozart geboren werden." (Hugo von Hofmannsthal)

Unvergleichlich ist der Blick vom Kapuzinerberg über die Salzach auf die Altstadt von Salzburg mit ihren prächtigen Kirchenbauten und der hoch aufragenden Festung Hohensalzburg im Hintergrund.

**Weltkulturerbe
Österreich
Aufnahme 1996**

Die erfolgreiche Wiener Abwehrschlacht gegen die türkischen Belagerer von 1683 war der Beginn eines Siegeszuges der kaiserlichen Truppen über die Türkei. Zuletzt schlug der bedeutende Heerführer Prinz Eugen die türkischen Truppen 1697 bei Zenta so vernichtend, dass bei den Friedensverhandlungen von Karlowitz zwei Jahre später ganz

Schloss Schönbrunn in Wien

Ungarn mit Siebenbürgen und der größte Teil Slawoniens in den Besitz des Kaisers kam. Diese erfolgreiche Auseinandersetzung führte zu einem nationalen Selbstverständnis, das sich in der Baukunst in einem bislang unerreichten Ausmaß niederschlug. Kaiser, Adel und Kirche wetteiferten miteinander, das Bild der von den Türken teilweise zerstörten Stadt Wien zu erneuern und zu verändern.

Die kunstvoll arrangierten Blumenbeete vor der eindrucksvollen Gartenfassade von Schloss Schönbrunn sind der Auftakt zu einer prachtvollen Parklandschaft, die in ihrer Vielfalt einen außergewöhnlichen Kunst- und Naturgenuss bietet. Das Schloss mit seinen Gärten zählt zu Recht zu den bedeutendsten barocken Anlagen in ganz Europa.

Zu einer der wichtigsten Bauaufgaben in der Haupt- und Residenzstadt wurde der Schlossbau von Schönbrunn. Heute repräsentiert es, als das monumentalste und bedeutendste der kaiserlichen Schlösser, den Aufstieg und Glanz des Habsburgerreiches. Mit seiner langen und bewegten Baugeschichte gilt es zudem als eines der bedeutendsten Kulturdenkmäler Österreichs und zählt zu den wichtigsten barocken Schlossbauten in ganz Europa. Schloss und Park von Schönbrunn wurden Ende des Jahres 1996 in die Liste des Weltkulturerbes der UNESCO aufgenommen.

Der Bau von Schloss Schönbrunn gilt als zentrale Leistung im Oeuvre des Barockbaumeisters Johann Bernhard Fischer von Erlach, der seit 1689 als „Königlicher Hofingenieur" für das Kaiserhaus tätig sein konnte. Sein erstes Schönbrunn-Projekt war besonders spektakulär und sprengte in seinen Di-

Unter Kaiserin Maria Theresia erhielt die Große Galerie, der Festsaal im Zentrum des Schlosses, seine prachtvolle Ausstattung und zählt heute zu den bedeutendsten Raumschöpfungen des 18. Jahrhunderts. Die Fresken schuf Gregorio Guglielmi, die reichen Stuckarbeiten stammen von Albert Bolla.

Der Platz, auf dem der prächtige Schlossbau heute steht, lag ursprünglich weit vor den Toren Wiens und hat eine lange bauliche Tradition. „Katterburg" hieß im 14. Jahrhundert ein Anwesen an dieser Stelle und gehörte zum Grundherrschaftsbereich des Stiftes Klosterneuburg. Spätestens seit dem 16. Jahrhundert ist es prominenter Landsitz und kam mit Haus, Mühle, Stall und Lustgarten – wie der Kaufvertrag berichtet – 1569 in Habsburger Besitz, wohl hauptsächlich als beliebter Ort für Jagdgesellschaften. Der Legende nach soll Kaiser Matthias bei einem dieser Jagdausflüge 1612 einen Brunnen entdeckt haben, der später namensgebend für die bedeutenden Schlossbauten gewesen ist, zuerst bei einem 1642 errichteten Lustschloss. Dieser Bau und seine Tiergehege fielen den Verwüstungen während der Belagerung Wiens durch die Türken 1683 zum Opfer. Kaiser Leopold I. fasste einige Jahre später den Entschluss, an gleicher Stelle einen repräsentativen Neubau errichten zu lassen. Damit beginnt die eigentliche wenigstens 200 Jahre dauernde und spannende Geschichte des heute erhaltenen Schlossbaus, der mit den Namen eines ganzen Stabes bedeutender Baumeister, Künstler und Kunsthandwerker verbunden ist.

mensionen alle Grenzen im Schlossbau seiner Zeit. Sein Entwurf von 1688 ist eher eine „Architekturvision" und ein politisches Manifest. Nach seiner Vorstellung sollte der bis dahin bedeutendste Bau, nämlich Schloss Versailles, bewusst übertroffen werden. Seine Planung platzierte das Schloss auf die Schönbrunner Höhen, dort wo heute die Gloriette steht. Das monumentale Projekt kam allerdings nie zur Ausführung. Angesichts der ungeheuren Dimensionen kann man oft geäußerte Finanzierungsprobleme durchaus nachvollziehen. Als Fischer Schloss Schönbrunn ab 1696 in völlig veränderter Form und extrem bescheideneren Dimensionen errichtete, holte er das Schloss sowohl wörtlich als auch im übertragenen, den baulichen Anspruch betreffenden Sinne „vom Berg ins Tal". Die Ausführung schmälert aber weder die Bedeutung des Schlosses noch die Leistung seines Architekten und bestimmt trotz etlicher späterer Umbauten noch heute grundsätzlich das Bild des Schlosses: ein lang gestrecktes Schlossgebäude mit zentralem Mittelbau, Seitenrisaliten und Seitentrakten um den Ehrenhof zur Stadtseite.

Verschiedenartigste Umstände verhinderten eine zügige Vollendung des Bauprojekts. Im Frühjahr 1700 war zwar der Mitteltrakt vollendet und bald bewohnbar, doch der weitere Ausbau sollte durch Finanznöte und den frühen Tod des Thronfolgers Joseph I. völlig zum Erliegen kommen. Der unvollendete Schlossbau wurde bis 1722 zum Witwensitz für Wilhelmine Amalie.

Eine neue und entscheidende Ära brach für Schönbrunn unter Maria Theresia an. Als älteste Tochter Karls VI. war sie nach seinem Tod 1740 Erbin des Habsburgerreiches und gleich in den ersten Regierungsjahren mit schwierigen politischen Umständen konfrontiert. Dazu gehörte, ihr Erbe gegen Frankreich und besonders gegen den Preußenkönig Friedrich II. durchzusetzen. Die junge Herrscherin hatte auch gesellschaftspolitische Aufgaben im anbrechenden Zeitalter des aufgeklärten Absolutismus. Die Modernisierung der Verwaltung oder die Einführung der Schulpflicht sind nur wenige Beispiele ihrer klug dosierten Maßnahmen zur Reformierung des Landes. Ihr realpolitisches Verständnis kommt auch beim Umbauprojekt von Schloss Schönbrunn sichtbar zum Ausdruck. Kein Neubau, sondern die Revitalisierung des Gebäudekomplexes Fischers von Erlach, der lange Zeit ohne rechte Nutzung geblieben war, erklärte sie zum Ziel.

Unter der Regierungszeit Maria Theresias begann für das Schloss eine neue und glanzvolle Epoche, denn es wurde zum Mittelpunkt des höfischen und politischen Lebens. In mehreren Umbauphasen entstand ein prachtvolles Residenzschloss und erhielt weitgehend sein heutiges Aussehen.

Bereits 1746 konnten Audienz- und Wohnräume im Ostflügel des Schlosses bezogen werden. Zu den baulich augenfälligsten Veränderungen gehörten in der Folgezeit der Abbruch der zentralen Freitreppe, um im Erdgeschoss des mittleren Traktes die großzügige Durchfahrtshalle zu schaffen, der Ausbau der Nobeletage darüber, zu der Großen und Kleinen Galerie und der Einbau eines Zwischengeschosses in den beiden Seitenflügeln. Das ständige Anwachsen der kaiserlichen Familie – sie erfreute sich fast jährlich über neuen Zuwachs und machte Maria Theresia immer mehr zur „Schwiegermutter Europas" – und der große Hofstaat mit seinen Bediensteten machten immer wieder bauliche Erweiterungen notwendig, um 1.500 Personen unterbringen und versorgen zu können. Verantwortlicher Bauleiter dieser Maßnahmen war Nikolaus Pacassi, von dem Maria Theresia einmal schrieb, er hätte es besser als jeder andere verstanden, ihren Ideen Ausdruck zu verleihen.

Eine großartige Bauleistung des 19. Jahrhunderts sind die Eisen- und Glaskonstruktionen der Gebäude des Palmenhauses. Die Pavillons sind noch heute eine besondere Attraktion im Park von Schönbrunn und beherbergen eine reiche, sehr sehenswerte Sammlung exotischer und südländischer Pflanzen.

*D*ie 1775 errichtete, weithin sichtbare Gloriette auf der Anhöhe des Schönbrunner Berges ist ein glanzvoller Abschluss und architektonischer Höhepunkt der Parkanlagen von Schönbrunn. Mit seiner exponierten Lage ermöglicht das beeindruckende, wie ein Triumphtor gearbeitete Denkmal habsburgischer Größe dem Besucher auch einen reizvollen Blick über die Dächer Wiens.

Eine zweite Ausbauphase bald nach 1750 stand hauptsächlich unter dem Zeichen der Einrichtung der Repräsentationsräume. Die beiden Galerien mit ihrer prunkvollen Stuck- und Freskoausstattung sind ganz besondere Rokokoschöpfungen und auch der reiche Schmuck der gartenseitigen Räume im Dekor des Rokoko stammt aus dieser Zeit. Keine Kosten scheute die Kaiserin nach dem plötzlichen Tod ihres Gatten 1765, Kaiser Franz I., Stephan von Lothringen, bei der Einrichtung von Memorialräumen ihm zu Ehren. Zu der kostbaren Ausstattung gehören chinesische Lacktafeln und wertvolle Holzvertäfelungen. Über 40 Schau- und Prunkräume sind heute zugänglich und geben, trotz mancher Veränderungen im 19. Jahrhundert, ein eindrucksvolles Zeugnis der Epoche Maria Theresias.

Der Park von Schönbrunn ist ein einzigartiges Kunst- und Naturerlebnis. Ab 1695, mit dem Schlossneubau, war das ehemalige Wildgehege aus der Zeit der ersten Landsitze auf dem Gelände der ehemaligen Katterburg von Jean Trehet in eine Parkanlage nach französischem Vorbild angelegt worden. Seine heutige Form entstand wesentlich zur Zeit Maria Theresias mit einem System sternförmig angelegter Alleen. Dazu gehören auch die Orangerie, der Kammer- und der Kronprinzengarten. Der spätere Nachfolger Nikolaus Pacassis, Hofarchitekt Ferdinand Hetzendorf von Hohenberg, setzte in den Jahren 1772 bis 1780 mit Brunnenbauten und kleinen Architekturen Akzente und Blickfänge, die noch heute den Reiz der weitläufigen Parklandschaft mitbestimmen. Bekannt sind vor allem die Obeliskenkaskade, der Neptunbrunnen und die römische Ruine. Als Höhepunkt seines Schaffens im Schlosspark gilt die Gloriette. Das dreiteilige, weithin sichtbare Triumphtor, bekrönt mit dem kaiserlichen Adler, gilt auch als bekanntes Wahrzeichen der Schloss- und Parkanlage.

Der Schönbrunner Park kann auch ganz außergewöhnliche Raritäten sein Eigen nennen, wie die drei Pavillons des 1881/82 errichteten Palmenhauses. Die eindrucksvolle Eisenkonstruktion zeigt in ihrem Inneren Raritäten der Pflanzenwelt aus allen Erdteilen. Der Tiergarten im westlichen Bereich des Parks aus dem Jahre 1752 ist einer der ältesten und prächtigsten Zoos Europas. Noch heute sind die historischen Tieranlagen in Benutzung. In einer beachtlichen Leistung gelang es, die Tiergehege nach modernen und artgerechten Gesichtspunkten umzugestalten, ohne die historische Substanz zu zerstören.

**Weltkulturerbe
Österreich
Aufnahme 1997**

Hallstatt – Dachstein Salzkammergut

„Ich durchzog mehrere Teile des Salzburger Landes und der Steiermark, Länder, die für den Geologen und den Landschaftsmaler gleich viel Anziehendes haben." Als der deutsche Naturforscher Alexander von Humboldt 1795 seine Eindrücke vom Salzkammergut niederschrieb, hatte er eine Würdigung formuliert, die über 200 Jahre später die Aufnahme der einzigartigen Landschaft in die exklusive Liste der Welterbestätten begründen sollte, nämlich unter anderem „...als außergewöhnliches Beispiel einer Naturlandschaft von einzigartiger Schönheit und besonderer wissenschaftlicher Bedeutung."

Der kostbarste Schatz von Hallstatt ist neben dem Salz seine Schönheit: ein stiller Gebirgssee mit mächtigem Hochwald dahinter, am Ufer der schlanke Turm der evangelischen Kirche, hoch darüber die auf einem schmalen Felsvorsprung errichtete katholische Kirche, zwischen Berg und See die aufeinander geschachtelten Häuser (nach R. Lehr, 1979).

Drei österreichische Bundesländer, Oberösterreich, die Steiermark und Salzburg haben Anteil an der Alpen- und Voralpenregion des Salzkammerguts, einer Landschaft von einzigartiger Schönheit mit einer faszinierenden Bergwelt und ursprüng-

Hoch über dem Gosausee überragen die imposante Gletscherlandschaft und die Dreitausender-Gipfel des Dachstein-Massivs die einzigartige Landschaft des Salzkammerguts. Das stolzeste Schaustück der nördlichen Kalkalpen ist zugleich Oberösterreichs höchster Berg.

lichen Natur, alten Kulturstätten und traditionellem Brauchtum. Zu der landschaftlichen Vielfalt gehört auch ein reiches Seengebiet, das zu den schönsten und größten Österreichs zählt. Seinen Namen verdankt das Salzkammergut dem seit der Frühzeit bezeugten Salzbergbau, dessen Einkünfte über Jahrhunderte der „Kammer" der kaiserlichen Finanzverwaltung der Habsburger zufiel. Ein über 484 qkm großer Teilbereich des Inneren Salzkammerguts ist als Historische Kulturlandschaft „Hallstatt–Dachstein/Salzkammergut" seit 1997 Bestandteil der UNESCO-Welterbeliste.

Das Gebiet erstreckt sich rund um den Ort Hallstatt und wird von dem hochaufragenden fast 3.000 Meter hohen Dachstein im Süden, von dem Gosaukamm und den Gosauseen im Westen, dem Gosauzwang im Norden und dem Ostufer des Hallstätter Sees begrenzt. Weitere Schutzzonen, so genannte „Pufferzonen", liegen in den Bundesländern Salzburg und Steiermark.

Die facettenreiche Landschaft birgt eine seltene Dichte an historischen und kulturellen Informationen und ist ein so komplexes Phänomen, dass sie nicht nur Kulturerbe, sondern zugleich auch Naturerbe von allerhöchstem Rang ist. Das weltberühmte Salzvorkommen, alpine Gebirgsbildungsprozesse, Höhlensysteme, Karsterscheinungen, reichhaltigste Fossilienvorkommen sowie vielfältige und seltene ökologische Nischen von Flora und Fauna gehören zu den einzigartigen Qualitäten dieses Naturparks in den Ostalpen.

Architektonisches Juwel der Region ist der Ort Hallstatt, Alexander von Humboldt pries ihn sogar als „schönsten Seeort der Welt". Nach einer verheerenden Brandkatastrophe im Jahre 1750 erhielt er sein spätbarockes Antlitz, die markanten spätgotischen Strukturen der Bergwerkssiedlung haben sich dennoch bis heute erhalten. Malerisch drängen sich die giebelständigen Häuser mit ihren steilen Dächern am südlichen Westufer des fjordartigen Hallstätter Sees und prägen zusammen mit der umgebenden Natur die weltbekannte Silhouette. So prächtig die Naturkulisse auch war, sie ließ den Menschen nur wenig Platz zwischen Seeufer und schroffen Felswänden. Gekonnt nutzten die Erbauer die natürlichen Gegebenheiten und errichteten ihre Bürger- und Handwerkerhäuser dicht gedrängt und geschickt gestaffelt um das Marktzentrum. Sogar zwei Kirchen fanden auf dem beengten Raum Platz. Da der Friedhof immer nur wenigen Bestattungen Platz bot, grub man die Schädel der Bestatteten nach einigen Jahren wieder aus, versah sie mit einer Inschrift und brachte sie im Beinhaus der Michaelskirche unter. Jahrhundertelang gab es zwischen Berg und See auch keine Straße, sondern nur einen schmalen Weg. Was nicht über den See transportiert werden konnte, musste sich hier durchzwängen.

*E*ine Besonderheit stellt das Hallstätter Beinhaus dar. Aufgrund der räumlichen Beengtheit des Friedhofes wurden hier auf einfachen Brettern fein säuberlich Schädel und Knochen aufgeschichtet. Viele der Schädel tragen den Namen und die Lebensdaten der Verstorbenen.

Seine Entstehung und seine Bedeutung verdankt Hallstatt seinem „Weißen Gold", dem Salz. „Die Hallstatt" sagen die Hallstätter, denn die Hallstatt, das ist die Salzstätte. Salz war weit mehr als Grundnahrungsmittel oder Gewürz. Es wurde auch als Heilmittel und vor allem aber als wichtiges Nahrungs-Konservierungsmittel heiß begehrt und sein Abbau und Verkauf war Garant für Reichtum und Macht. Die Geschichte der Kulturlandschaft Hallstatt–Dachstein ist untrennbar verbunden mit der Geschichte der Salzgewinnung. Der Salzbergbau nahm Einfluss auf fast alle Bereiche des Lebens, prägte die architektonischen und künstlerischen Zeugnisse einer ganzen Region, aber auch ihre wirtschaftliche Infrastruktur, sei es das Transportwesen, der Handel oder der Aufbau von Siedlungen.

„Amtlich" beurkundet ist die Existenz eines Bergbaubetriebes im Hallstätter Hochtal erstmals 1262, seit 1311 besaß Hallstatt Marktrecht und seine Bürger erhielten die Sudrechte, die so genannten „Salzfertigerrechte". Damit war eine Art selbständiger Staat im Staate mit eigenen Rechten und Organen entstanden, der direkt dem Landesfürst und der kaiserlichen Finanzverwaltung, der „Kammer", unterstellt war. Über die Jahrhunderte waren die Salzfertiger nicht nur für alle Arbeiten im Bergwerk verantwortlich, sie bewirtschafteten auch die Forste und kümmerten sich um den Schutz ihrer wertvollen Anlagen. Als sich die Wälder, ausgebeutet vom Betrieb der Sudpfannen, zu lichten begannen, schlugen sie Alarm. Auf ihr Betreiben hin entstand ab 1595 die berühmte hölzerne Soleleitung, die die Salzlösung vierzig Kilometer zur weiteren Verarbeitung in die von dichten Wäldern umgebene Ortschaft Ebensee transportierte. Diese älteste Pipeline der Welt – zu damaliger Zeit eine technische Meisterleistung – ist noch heute in Betrieb, wenngleich die Rohre inzwischen vielfach aus Eisen oder Kunststoff sind.

Eine ganz besondere Bedeutung Hallstatts beruht auf seinem archäologischen Erbe. Hoch über dem heutigen Markt Hallstatt in dem schwer zugänglichen Salzbergtal wurde ein Gräberfeld entdeckt, das mit seinen Bestattungen und den zahlreichen, kostbaren Grabbeigaben der Verstorbenen bald Weltberühmtheit erlangte. Nach dem Fundort wurde eine ganze Epoche die „Hallstattzeit" benannt. Hallstatt ist seither der Brennpunkt einer prähistorischen Kultur, die Mitteleuropa vor etwa 2.500 Jahren geprägt hat. Dass der Ort und die ganze Region zu solchen außergewöhnlichen historischen Ehren gekommen sind, ist dem Bergmeister Johann Georg Ramsauer zu verdanken. Bei der Anlage einer Schottergrube hatte Ramsauer oberhalb seiner Heimatgemeinde das Gräberfeld 1846 entdeckt und in den folgenden 17 Jahren in 980 Gräbern fast 20.000 Objekte gesichert.

Zu den bisher aufgedeckten sensationellen Funden gehören prächtige Schmuckstücke, reich verzierte Waffen sowie Bronze- und Tongefäße, Zeugnisse großer handwerklicher Fertigkeit, künstlerischer Gestaltung und einer hoch entwickelten Metallverarbeitungskunst. Da auch Elfenbein, Bernstein und Glas entdeckt worden sind, mussten die Angehörigen dieser Kultur schon damals über weit reichende Handelsbeziehungen verfügt haben. Bis heute bleibt das Salzbergtal eine große Aufgabe für die archäologische Forschung, denn jederzeit kann mit neuen und spektakulären Funden gerechnet werden, die das Fenster in die weit zurückliegende Lebenswelt ein Stück weiter öffnen. Der Reichtum, den die Hallstätter Gräber vermitteln, hat seine

Zu dem bedeutenden archäologischen Erbe der Hallstatt–Dachstein-Region gehören die zahlreichen Funde aus dem weltberühmten Gräberfeld am Hallstätter Salzberg. Einige Objekte, wie zum Beispiel die außergewöhnlich geformte „Stierschale", sind im Prähistorischen Museum in Hallstatt ausgestellt.

Vor mehr als 2.500 Jahren wurde dieses feingearbeitete Schmuckstück hergestellt. Die so genannte Brillenfibel diente jedoch nicht nur zur Zierde, sondern hatte auch eine ganz praktische Funktion. Ähnlich einer „Sicherheitsnadel" war sie dazu gedacht, ein Gewand zusammenzuhalten (lat. fibula, dt. Gewandspange).

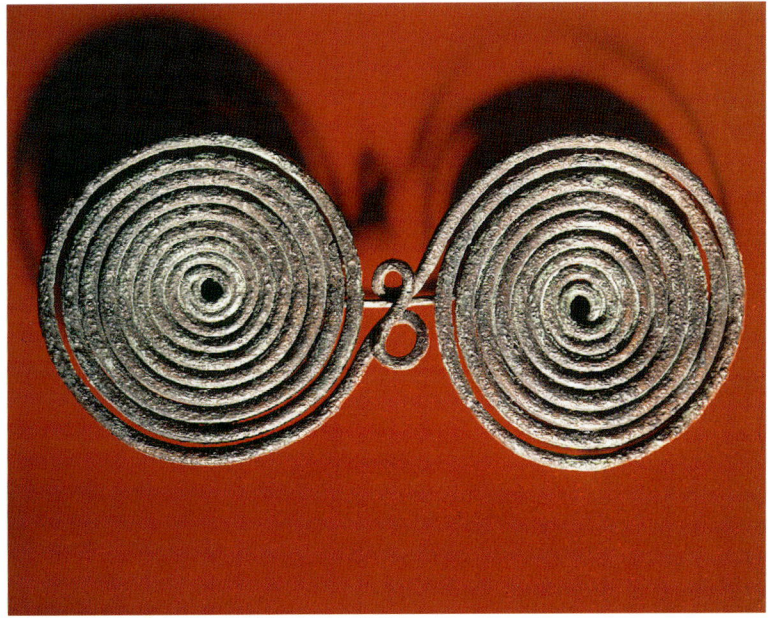

Ursache in der bergmännischen Gewinnung von Salz. Noch heute werden in Teilen des ältesten in Betrieb befindlichen Salzbergwerkes der Welt sensationelle Spuren prähistorischer bergmännischer Salzgewinnung zutage gebracht.

Die überragende Schönheit der Landschaft mit ihren reichen Kontrasten und unterschiedlichsten malerischen Ansichten hat ganze Generationen von Künstlern in ihren Bann gezogen. Das Hallstatt–Dachstein Gebiet gilt als „Wiege" der Landschaftsmalerei des Biedermeier, die mit bedeutenden Vertretern wie Franz Steinfeld oder Georg Waldmüller österreichische und internationale Kunstgeschichte schrieb. Auch Adalbert Stifter, der als Pionier der amtlichen Denkmalpflege in Österreich in die Geschichte eingegangen ist, ließ sich von der Landschaft verzaubern. Als Landschaftsmaler, wie er sich selbst bezeichnete, ging er ins Salzkammergut und kehrte als Landschaftsliterat von Weltbedeutung zurück. In seinem berühmten Roman „Nachsommer" entwickelte er geradezu visionäre Vorstellungen über die Zukunft der Denkmalpflege.

Seit dem 19. Jahrhundert hat sich das Salzkammergut zu einem international anerkannten Tourismusstandort entwickelt und bewahrt die unschätzbaren Qualitäten seiner Kulturlandschaft als besonderes Prädikat für das Erholungsgebiet. Der verantwortungsvolle Umgang mit dem wertvollen Erbe verhinderte auch den Bau einer Uferstraße in Hallstatt. Noch heute können daher die malerischen Ufer-Holzhäuser für die „Fuhren", wie die Hallstätter ihre Boote nennen, bewundert werden.

**Weltkulturerbe
Österreich
Aufnahme 1998**

Im späten 19. Jahrhundert erlebte der Semmering seine Hochblüte und war weit über die Grenzen der Donaumonarchie ein Begriff. Mensch und Natur hatten eine einzigartige Kultur-Natur-Landschaft entstehen lassen, geprägt von dem Zusammenspiel bizarrer Felsformationen, sanfter Wälder und eindrucksvollen, romantisch anmutenden Hotel-

Die Semmeringbahn und ihre umgebende Landschaft

*E*in besonders faszinierendes Merkmal der Semmeringbahn sind die bis zu fast 50 Meter hohen, zum Teil zweigeschossigen Steinbogenviadukte. Sie erinnern an antike Vorbilder und geben der Bahn ein monumentales und zugleich romantisches Bild. Technik und Natur verbinden sich zu einem einzigartigen Gesamtkunstwerk.

und Villenbauten. In dieser Zeit wurde der Semmering in den Medien nicht nur als Weltkurort gepriesen, sondern auch als Treffpunkt und Erholungsort bedeutender Persönlichkeiten aus Gesellschaft, Politik und Kultur. Namhafte Künstler wie Oskar Kokoschka, Adolf Loos oder Karl Kraus konnten hier die Kraft für neue Werke sammeln. Noch heute ist der Flair der Jahrhundertwende in der reizvollen Landschaft am Ostrand der Alpen lebendig. Ein entscheidender Schritt zur Entstehung dieser einmaligen Kulturlandschaft war der Bau der Semmeringbahn, die einen sehr wesentlichen Beitrag zur Erschließung dieser ursprünglich unwegsamen Alpenregion leistete und die Landschaft mit ihren Bauten zu einer bis heute unverwechselbaren harmonischen Kombination von Technologie und Natur formte.

„An gähnenden Schlünden vorbei, durch ungeheure Tunnels, über hoch schwebende Brücken, auf Felsgalerien … die Wohnhäuser tief und ferne gleichen Spielzeughäuschen … in den Felsenhallen schlägt und dampft die Lokomotive, dass das Herz erbebt … wir steigen und steigen, winden uns unterirdisch und krümmen uns auf Felsgipfeln." Kaum anschaulicher als mit diesen Sätzen eines Reiseberichtes von 1873 lässt sich die Bedeutung der Semmeringbahn beschreiben. In ihnen klingt der Respekt vor der technischen Meisterleistung genauso an wie das Erleben einer großartigen Naturlandschaft. Die Fahrt über den Semmering bedeutete schon immer weit mehr als ein nüchterner Transport zu einem entfernten Ziel und ist damals wie heute eine sinnliche Attraktion, eine Vergnügungs- und Erlebnisfahrt.

Möglich geworden war dieses Erlebnis erst durch eine einzigartige technische und logistische Meisterleistung und dem Wunsch nach einer durchgehenden Bahnverbindung zwischen der Kaiserhauptstadt Wien und Triest. Dazu entstanden schon bald erste Streckenabschnitte. 1842 konnte man beispielsweise schon mit der Eisenbahn von Wien nach Gloggnitz fahren, also bis an den Fuß der großen Berge. Im gleichen Jahr beauftragte die Staatsbahn den aus Venedig stammenden Bauingenieur Carlo di Ghega alias Carl Ritter von Ghega mit der Planung der Semmeringbahn. Nach einer intensiven Planungsphase begannen im August 1848 die ersten Arbeiten und nur sechs Jahre später war die Semmeringbahn, die Bahnverbindung zwischen Gloggnitz und Mürzzuschlag, unter der Bauleitung Carlo di Ghegas fertig gestellt worden. Der Baubeginn fiel nicht zufällig in das Revolutionsjahr 1848. Notstandsprogramme sollten die revolutionären Arbeiter besänftigen.

Eine Eisenbahnverbindung mitten durch das Hochgebirge war zu diesem Zeitpunkt eine äußerst kühne Idee und die Realisierung eine unglaubliche Leistung, wenn man nur bedenkt, dass selbst eine geeignete Lokomotive, die solche extreme Steigungen und enge Kurvenführungen bewältigen konnte, zu Beginn der Planung noch gar nicht zur Verfügung stand. Auch die Trassierung konnte in der komplizierten Gebirgslandschaft, für die es noch keine präzisen Karten gab, nicht nach üblichen Maßstäben erfolgen. Pionierarbeit leisteten die Techniker deshalb, als sie für die schwierige Vermessung eigens neue Messinstrumente entwarfen.

Als die Semmeringbahn 1854 offiziell dem Verkehr übergeben werden konnte, galt ihr Bau als besonderer Triumph der Technik und des Fortschritts. Zu Recht, denn keine andere Bahn konnte damals eine Seehöhe von fast 1.000 Metern überwinden. In weiten Schleifen tastet sich die 41 Kilometer lange Trasse an diesen Scheitelpunkt heran. 1,4 Millionen Kubikmeter Fels mussten dazu mit Schwarzpulver gesprengt und behauene Steine in der gleichen Größenordnung verarbeitet werden, um 15 Tunnels zu erbauen und 16 große Viadukte und über 100 gewölbte steinerne Brücken zu errichten. Etwa 20.000 Arbeiter waren beschäftigt und rund 1.000 von ihnen mussten dafür ihr Leben lassen.

Die Zeitgenossen empfanden den Bau wie einen „Titanenkampf zwischen menschlicher Ideenkraft und zu unterwerfender Natur". Ein richtiges Duell war es allerdings nie, denn noch heute spürt man den Respekt der Planer vor der Natur, ihre Vorsicht bei der Trassenplanung und ihre Suche nach einer harmonischen Einbettung in das Gelände.

Die Semmeringbahn und ihre umgebende Landschaft wurde im Jahre 1998 in die Welterbeliste der UNESCO aufgenommen.

Die extremen Steigungen und engen Kurvenradien am Semmering machten die Konstruktion spezifischer und leistungsfähiger Lokomotiven erforderlich. Diese Erfahrungen haben dem gesamten Eisenbahnbau wesentliche und zukunftsweisende Impulse verliehen. Noch heute ist die Bahn in vollem Betrieb, inzwischen elektrifiziert und mit modernster Sicherheitstechnik ausgestattet.

Weltkulturerbe Österreich Aufnahme 1999

Historische Altstädte sind fast nie Momentaufnahmen einer bestimmten Epoche, sondern fast immer das Ergebnis einer über die Jahrhunderte dauernden Entwicklung. Bauformen verändern sich, spiegeln den Wandel der Zeiten, den Wandel von Funktionen, wirtschaftlichen und sozialen Bedingungen und werden damit zu wertvollen Dokumenten

Die Altstadt von Graz

eines fortdauernden Geschichtsprozesses. Nicht selten wurden bauliche Zeugnisse Opfer von Kriegen, Brand- und Naturkatastrophen oder sogar der Ablehnung der eigenen Geschichte. Auch kulturelle Blütezeiten und „Wirtschaftswunder" haben vielen Städten tiefe Wunden zugefügt. Umso wertvoller sind die wenigen erhaltenen Stadtdenkmäler, die mit einem authentischen Baubestand und unverfälschten Strukturen von ihrer eigenen Vergangenheit erzählen und exemplarisch vielleicht sogar einen

Bis heute bilden Stadtorganismus, Schlossberg und der Fluss Mur eine einzigartige und untrennbare Einheit. Zu Füßen des ehemaligen „Schutzberges der Stadt" liegt die gut erhaltene, ziegelrote Dachlandschaft der Hauptstadt der Steiermark.

*D*er Grazer Hauptplatz ist historisch und städtebaulich die bedeutendste mittelalterliche Platzanlage der Stadt. Prächtige Baudenkmäler von der Gotik bis zum Historismus rahmen die Platzanlage und die sich anschließende Sackstraße, überragt vom Schlossberg mit seinem berühmten Uhrturm.

wichtigen Beitrag zur Geschichte einer ganzen Region leisten können. Zu den weltweit wenigen erhaltenen städtischen Denkmälern mit einem Jahrhunderte alten baulichen Erbe von unschätzbarer Aussagekraft gehört die Altstadt von Graz.

Das Altstadtensemble der Hauptstadt der Steiermark verfügt über einen einmaligen und geschlossenen Baubestand, der in einer harmonischen Kontinuität den Wandel der Epochen vom Mittelalter über Renaissance, Barock und Historismus bis hin zu den Zeugnissen des 20. Jahrhunderts repräsentiert, steingewordene Zeugnisse seiner eigenen, aber auch einer europäischen Geschichte an der Schnittstelle zwischen Mittel- und Südosteuropa. Im gesamten Altstadtgebiet bilden qualitätsvolle Gruppen von Baudenkmälern ein einheitliches Stadtbild, malerisch durchflossen von dem Fluss Mur und bekrönt von dem hochaufragenden Schlossberg. Zur Wahrung dieser Qualitäten wurde 1974 das Grazer Altstadterhaltungsgesetz ins Leben gerufen. Die herausragendste Würdigung erfuhr das Grazer Altstadtensemble, zu der auch eine einmalige Dachlandschaft gehört, mit dem Eintrag in die Liste der UNESCO-Welterbestätten im Dezember 1999.

Bis in die Gegenwart haben sich mittelalterliche Strukturen und ein lebendiger Stadtorganismus erhalten, zu dem seit der Entstehung der Stadt ihr berühmter Schlossberg gehört. Schon von weitem zieht sein Anblick den Besucher in seinen Bann und zeigt ihm, terrassenförmig gestaffelt, all seine Sehenswürdigkeiten: auf halber Höhe den Uhrturm, darüber die Bastei und die „Liesl", wie der hoch gelegene Glockenturm mit seiner aus türkischen Kanonenkugeln gegossenen Glocke liebevoll genannt wird. Die erste Funktion als Schutzberg für die mittelalterliche Stadt wandelte sich zum monumentalen Festungsberg der ummauerten späteren Residenzstadt. Die Festung wurde infolge des Franzosenkrieges bald nach 1809 fast zur Gänze abgetragen, nur wenige Teile sind heute noch zu sehen, darunter das Wahrzeichen der Stadt, ihr berühmter Uhrturm. Den Uhr- und den Glockenturm mitsamt den dort befindlichen Glocken konnte die Bürgerschaft freikaufen und vor der Zerstörung bewahren. Seit 1712 schlägt der Uhrturm immer noch mit seinem ursprünglichen Uhrwerk und einer der ältesten Glocken des Landes aus dem 14. Jahrhundert.

Der hoch aufstrebende Turm der Stadtpfarrkirche und prächtige Baublöcke des Historismus prägen die Grazer Herrengasse. Der heute repräsentativste Grazer Straßenzug war ursprünglich Marktgasse und wichtiger Handelsort.

Im Kern ist die Altstadt, eine Marktanlage aus dem 12. Jahrhundert, zwischen Schlossberg und Murfluss mit dem Hauptplatz und nach allen Richtungen führenden Gassen. Der älteste Verkehrsweg, die Sporgasse, hat sich in seiner ansteigenden und gekrümmten Straßenführung erhalten. Lang gestreckte Hofstättengrundrisse wie in der Sackstraße geben noch heute Zeugnis von den Landwirtschaftsbetrieben in der mittelalterlichen Stadt. Ein erster großer baulicher Aufschwung erfolgte im 15. Jahrhundert unter Kaiser Friedrich III. Seine bekanntesten Baumaßnahmen sind die Stadtburg und die gotische Pfarr- und Hofkirche, der heutige Dom. Sein Sohn, Kaiser Maximilian I., ließ 1499 in der Grazer Burg die steinerne Doppelwendeltreppe einbauen, ein einmaliges architektonisches Meisterwerk des Spätmittelalters.

So mancher Besucher wird sich fragen, ob er sich nun in einer sehr südlichen Stadt Österreichs oder in einer nördlich gelegenen Stadt Italiens befindet. Dieses Flair hat seine Wurzeln in der regen Bautätigkeit im 16. und 17. Jahrhundert, als namhafte italienische Architekten die Spuren der südlichen Renaissance in der Stadt hinterließen. Einer der bedeutendsten Renaissancebauten in Graz, vielleicht sogar überhaupt außerhalb Italiens, ist das so genannte Landhaus in der Herrengasse. Domenico dell'Allio errichtete ab 1557 die markante „oberitalienische" Fassade und den prächtigen Arkadenhof. Die Baumeister aus dem Süden hatten aber eine weitere wichtige Aufgabe zu erfüllen. Graz, die Steiermark und die ganze südöstliche Grenzlinie des Reiches, der so genannte „Hofzaun", waren ständig von massiven Türkeneinfällen bedroht. Erzherzog Karl II. ließ daher seine Residenzstadt, die eine Schlüsselstellung im Bollwerk gegen die muselmanische Gefahr innehatte, mit Hilfe italienischer Festungsfachleute massiv verstärken.

Die Glanzlichter der Bautätigkeiten in Graz im ausgehenden 16. Jahrhundert standen oft unter dem Zeichen politischer Repräsentation oder im Dienst der einsetzenden Gegenreformation. Karl II. und sein Nachfolger, sein ältester Sohn Ferdinand III., waren mit glühendem Eifer bestrebt, von der Residenz in Graz aus dem katholischen Glauben zum Erfolg zu verhelfen. Eine Maßnahme des Erzherzogs dazu war, die Jesuiten in die Stadt zu rufen und ihnen die Leitung der 1586 neu gegründeten Universität zu übertragen. Ein wichtiges architektonisches Zeugnis dieser Zeit und Gesinnung ist der 1572 begonnene Bau des Jesuitenkollegs, das mit seinen gewaltigen Ausmaßen eindrucksvoll die Bedeutung der Vertreter der „ecclesia militans" und ihre gegenreformatorischen Absichten demonstriert. Wohl nicht zufällig erhielt der Bau seine repräsentative Position in unmittelbarer Nähe der Hofkirche.

Weitere stadtbildprägende Monumentalbauten entstanden auch im 17. Jahrhundert, wie die Jesuitenuniversität (1607/09) oder das berühmte Landeszeughaus (1643/44). Das von Antonio Solari für die steirischen Landstände im Angesicht der Türkengefahr errichtete Waffendepot in der Herrengasse ist heute eine einmalige und wertvolle Sammlung mit über 30.000 Waffen und Kriegsgerätschaften. Mit dem Italiener Pietro de Pomis, der einmal zu Recht als „Propagandist des katholischen Glaubens" bezeichnet worden ist, gelangten erstmals frühbarocke Elemente in die Baukunst der habsburgischen Erbländer. Die Mariahilferkirche (1607/11) war sein erstes großes Bauwerk in Graz. Das berühmte Grazer Mausoleum, der vermutlich erste namhafte Frühbarockbau Österreichs, wurde unter seiner Hand begonnen. Das kuppelbekrönte Gebäude, es wird oft als Stadtkrone bezeichnet, setzte einen überragenden baulichen Akzent in der ehemaligen Residenzstadt.

Die barocken Stadtpalais entstanden in Graz „mit einiger Verspätung". Erst nach der erfolgreichen Wiener Abwehrschlacht gegen die Türken von 1683 wurden Fassaden barockisiert und neue Stadtpaläste errichtet, wie die prachtvollen, von Johann Joachim Carlone stammenden Adelspaläste Lengheimb und Welserheimb, beide aus dem Ende des 17. Jahrhunderts. Besonders schöne Beispiele sind auch am Grazer Hauptplatz erhalten, bekannt ist vor allem das reich mit Stuck verzierte Palais Luegg.

Die Ausdehnung und Bebauung der Stadt im 19. und 20. Jahrhundert bereicherte die Stadt mit neuen und qualitätsvollen Akzenten, ohne dass historisch ältere Zeugnisse beeinträchtigt wurden. Die Altstadt von Graz zählt heute daher zu Recht zu den schönsten und bedeutendsten Stadtdenkmälern Europas. Wie in einem Dokument ist ihre Geschichte klar und lückenlos ablesbar und begreifbar und für den Besucher ein faszinierendes Erlebnis in einer unvergleichlichen Atmosphäre. Der einmalige Blick vom Schlossberg auf die engen Gassen unter der weitläufigen Formation der roten Ziegeldachlandschaft ist die beste Einstimmung auf die Entdeckung einer Vielfalt von Seitengassen, Innenhöfen, Passagen und verborgenen Winkeln.

Der Uhrturm auf dem Schlossberg ist das Wahrzeichen der Stadt Graz. Er steht heute inmitten einer Park- und Erholungslandschaft, nachdem die Befestigungsanlagen im 19. Jahrhundert weitgehend beseitigt worden waren.

**Weltkulturerbe
Österreich
Aufnahme 2000**

„Gerade die Auseinandersetzung mit historischen Kulturlandschaften und ihre Erhaltung für zukünftige Generationen könnte entscheidend dazu beitragen, uns vor Geschichtslosigkeit zu bewahren..." (H. H. Wöbse, 1990)

Als es gegen Ende des Jahres 2000 weltweit 630 Welterbestätten auf der Liste der UNESCO gab,

Kulturlandschaft Wachau

*E*indrucksvoll thronen die Klosterbauten des Stiftes Melk über dem Donautal am südwestlichen „Eingang" zur Wachau. Die bedeutende Benediktinerabtei wurde im 18. Jahrhundert nach Plänen des St. Pöltner Baumeisters Jakob Prandtauer errichtet und gehört zu den monumentalsten mitteleuropäischen Klosteranlagen.

waren darunter auch 16 Kulturlandschaften. Zu dieser kleinen und außergewöhnlichem Gruppe gehört die Wachau, wie man einen der schönsten Abschnitte der Donau nennt, der in einer Länge von etwa 33 Kilometern von Melk bis nach Krems im heutigen Niederösterreich führt. Auf seiner mehr als 2.800 Kilometer langen Reise durchfließt der Strom kaum eine andere Landschaft, in der sich Natur und Menschenwerk zu einer derart einzigartigen Symbiose vereinigen wie in der Wachau.

Ein markantes Wahrzeichen Dürnsteins ist der auf Fels errichtete Turm der Stiftskirche, oft auch „Fingerzeig Gottes" genannt. Die auffallende, leuchtend blaue Farbigkeit wurde nach Befunden sorgfältig rekonstruiert und entspricht der originalen Barockfassung der 30er-Jahre des 18. Jahrhunderts.

Seine Entstehung hat das Tal einer ungewöhnlichen Richtungsänderung der Donau zu verdanken. Statt den „normalen" Weg südlich der so genannten Böhmischen Masse zu nehmen, bog der Strom bei Melk nach Nordosten ab und grub sich seinen Lauf durch das harte Urgestein. Seit dem 9. Jahrhundert entwickelte sich in diesem Tal kontinuierlich eine besonders reizvolle Kulturlandschaft, die bis heute von groben Eingriffen der technischen Zivilisation und zerstörerischen Auswüchsen des modernen Massentourismus verschont geblieben ist. Die Wachau ist eine der wenigen Stromabschnitte, in dem die Donau frei in ihrem natürlichen Flussbett fließen darf und nicht durch ein Kraftwerk aufgestaut wurde. Sie besitzt deshalb streckenweise sogar noch flussbegleitende Auwälder.

Die Naturlandschaft der Wachau ist geradezu einzigartig. Sie hebt sich nicht nur von den umgebenden Gebieten ab, sondern auch von anderen Donaulandschaften. Auf engstem Raum sind eine außergewöhnliche Vielfalt und beachtenswerte Gegensätze versammelt. Über 400 Meter tief ist der Taleinschnitt im Westen, felsdurchsetzte, steile Waldhänge reichen fast bis an die Uferzonen. Im weiteren Verlauf prägen Weinterrassen und Obstgärten ein breiter und lieblich werdendes Tal und auch das Klima ändert sich. In den östlichen Donauabschnitt reicht das so genannte „pannonische Klima", dem das Tal seine einmalige Weinbaukultur verdankt.

Die vielgestaltige Landschaft verfügt über eine außerordentliche Artenvielfalt an Flora und Fauna. In einer dichten Abfolge von natürlichem Auwald, Trockenrasen, Eichen-, Buchen- und Kiefernmischwäldern leben seltene, teilweise vom Aussterben bedrohte Tier- und Pflanzenarten. Die prächtige, streng geschützte Smaragdeidechse und der fast ausgerottete Apollofalter finden hier einen ihrer letzten Lebensräume. Bereits 1955 wurde die Wachau zum Landschaftsschutzgebiet erklärt und 1994 vom Europarat mit dem Europäischen Naturschutzdiplom ausgezeichnet. Das krönende Prädikat der UNESCO-Welterbestätte erhielt die Wachau im November des Jahres 2000.

Der Einfluss des warmen pannonischen Klimas, der gewundene Talverlauf und seine windgeschützte Lage schufen Voraussetzungen, welche die Wachau zu einem der ältesten Siedlungsgebiete Europas werden ließ. Mit den Zeugnissen einer 40.000-jährigen Geschichte des Menschen zählt sie auch zu den bedeutendsten archäologischen Kulturlandschaften Österreichs und kann im Besonderen sogar als Kernland der österreichischen Altsteinzeitforschung bezeichnet werden. Berühmt und bekannt geworden ist die Wachau durch den spektakulären Fund der so genannten „Venus von Willendorf", einem 11 cm hohen Kalksteinfigürchen

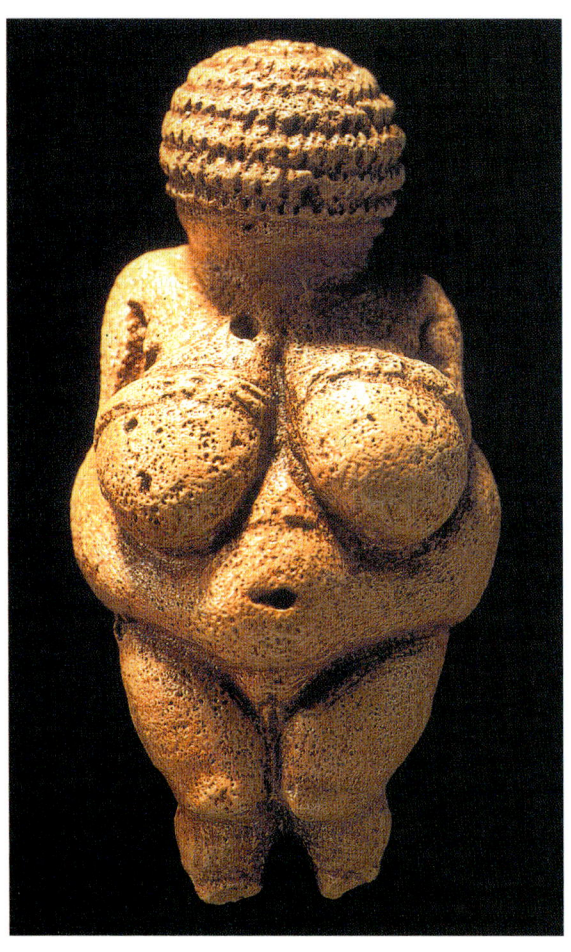

Die Venus von Willendorf, Kultfigur aus der letzten Eiszeit, etwa 24.000 Jahre alt. Das 11 cm hohe Kalksteinfigürchen stellt eine üppige, reife Frau mit Lockenfrisur und über die Brust gelegten Armen dar. Die Statuette ist eines der ältesten Kunstwerke der Welt.

mit der Darstellung einer „üppigen" Frau. Die Statuette ist etwa 24.000 Jahre alt. Auch die derzeit älteste menschliche Darstellung Österreichs stammt aus der Wachau, eine 7 cm große Venusstatuette mit einem Alter von 32.000 Jahren, die in der Nähe von Krems gefunden worden ist. In der Antike bildete die Donau die natürliche Grenze des Römischen Reiches nach Norden. Im 4. Jahrhundert, der jüngeren Römischen Kaiserzeit, entstehen am Südufer des Flusses eine Reihe von Kleinbefestigungen, so genannte „burgi", um die Donaugrenze, das Hinterland und die Donauschifffahrt zu schützen. Eine intensive Erschließung des Engtales der Wachau erfolgte aber erst seit dem 9. Jahrhundert mit einer dichten Abfolge geistlicher Besitzungen.

Die Geschichte der Wachau ist auch weitgehend die Geschichte des Weinbaues in dieser Region, der Weinanbau gilt hier sogar als die bedeutendste „kulturbildende Kraft". Schon in der Lebensbeschreibung des hl. Severin ist mit der Ortsbezeichnung „ad vineas" – in den Weinbergen – ein wichtiger und früher Hinweis auf den Weinbau gegeben. Folgt man den schriftlichen Ausführungen seines Schülers Eugippius, so hat Severin im 5. Jahrhundert in Favianis, dem heutigen Mautern, ein Kloster gegründet und dort bis an sein Lebensende gewirkt. Südlich der Donau und unterhalb der Wachau war der Weinbau allerdings schon lange vor Christus bekannt. Urkundlich tritt die Wachau als „locus wahowa" 830 in das Licht der Geschichte und nach zahlreichen Schenkungen im 9. und 10. Jahrhundert besaßen mehrere Hochstifte und zahlreiche österreichische, bayerische, schwäbische und böhmische Klöster Weingärten in dem Donautal. Noch heute erinnern die bis auf das Mittelalter zurückgehenden Weinterrassen mit ihren einmaligen Trockenmauern an die lange Tradition des Weinbaus in der Wachau und prägen das Bild an den Hängen des Donautals, vor allem am klimatisch begünstigten Nordufer.

Neben den Momenten einer einmaligen unberührten Natur und der von Menschenhand kultivierten Landschaft ist auch das bauliche Erbe ein fester Bestandteil der Kulturlandschaft. Hoch über der Donau gelegen und weithin sichtbar, betonen die berühmten Benediktinerstifte Melk und Göttweig ihren Rang und geben der Wachau mit ihren eindrucksvollen Barockbauten einen prachtvollen Rahmen. Im Tal und an seinen Hängen prägen einfühlsam in die Flusslandschaft gefügte Bauensembles das Bild der Landschaft. Harmonisch reihen sich malerische Ortschaften wie Spitz und Weißenkirchen oder das geschichtsträchtige Dürnstein wie Perlen an der Donau entlang. Das milde Klima, Wein- und Obstgärten, verwinkelte Gassen mit Arkadenhöfen und „venezianischen" Kaminköpfen verleihen ihnen eine einmalige und südländisch anmutende Atmosphäre.

Zu den vielen baulichen Besonderheiten der Wachau zählen auch die so genannten „Lesehöfe" der Stifte und Klöster, die sich in ganz unterschiedlicher Ausformung präsentieren, wie der mächtige, aus dem 16. Jahrhundert stammende Baukörper des Passauer Hofes in Stein, der schon 1263 als Zehenthof genannt wird, oder der stolze St. Pöltener Hof in Joching, 1696 von Jakob Prandtauer für das Chorherrenstift St. Pölten erbaut, oder der Erlahof in Spitz mit seiner prächtigen, fast schlossartigen Fassade aus dem 17. Jahrhundert. Typisch sind in der Wachau auch die oft über ganze Frontseiten der Häuser laufenden Flacherker oder die vermutlich von den großen Küchen der Burgen abgeleiteten „Mantel-" oder „Trichterkamine", die sich in vielen Beispielen erhalten haben. Über dem reichen und fast unverfälscht überkommenen baulichen Erbe im Tal thronen die Werke der Hochkunst mit den Stiften Melk und Göttweig und den sagenumwobenen Ruinen Aggstein, Hinterhaus und Dürnstein – in letzterer wurde im 12. Jahrhundert der englische König Richard Löwenherz gefangen gehalten. Ein besonderes Charakteristikum sind die Sichtachsen und Blickbeziehung zwischen diesen bedeutenden hochaufragenden Monumenten.

An der engsten Stelle der Wachau thront hoch über der Donau die Ruine Aggstein. Auf den nach drei Seiten abfallenden Felsen lebte einst auch das Geschlecht der Kuenringer. 1230 und 1295 belagerten und eroberten die Landesherzöge Friedrich III. bzw. Albrecht I. den Aggstein. Nach starken Beschädigungen wurde die Burg bis 1436 wieder instand gesetzt.

Seit der Römerzeit haben alle Epochen eine eindrucksvolle architektonische Landschaft hinterlassen. Immer wieder wurden die Städte und Ortschaften umgebaut und erweitert oder einzelne Gebäude „modernisiert". Die Jahrhunderte konnten die Architekturen der Wachau jedoch neu „kleiden", ohne dass prägende Strukturen und mittelalterliche Ursprünge verloren gingen. Die Authentizität der über die Jahrhunderte gewachsenen Baukultur ist nahezu überall gegenwärtig.

Die Kulturlandschaft Wachau ist ein einzigartiges, noch heute lebendiges Gemeinschaftswerk von Mensch und Natur, eine Landschaft, in der die Menschen die natürlichen Bedingungen annahmen und sie behutsam nutzbar machten.

„…eine geglückte Synthese so verschiedener Elemente wie urtümliche Natur, fließender Donaustrom im großen Tal, dunkle oder herbstbunte Wälder, Ödland und Felswildnis, geschwungene und hochreichende Weinterrassen an den Sonnenhängen, Obst und Wein im Tal, alte und winkelige Orte, Burgen, Ruinen und Stadtmauern, hochragende Stifte und Kirchen, kleine Klöster in Waldeinsamkeit, silbrig schimmernde Steinfedern im steilen Felshang, sattgrüne Wiesen am sanften Talhang, zuletzt harte Arbeit am Weinberg und lachende Lebensfreude beim Wein sowie Heiterkeit vieler Menschen unter beinahe südlich wirkendem Himmel und vieles anderes und Unsagbares mehr". (F. Pescher, 1998)

Ein herrlicher Sonnenuntergang an der Donau. Im Hintergrund Dürnstein, gelegen an einem der schönsten Plätze der alten, traditionsreichen Kulturlandschaft des Donautales. Es war seit jeher der Anziehungspunkt für jeden Wachaubesucher. Das Städtchen ist von Mauern umgeben, die zu der über dem Ort thronenden Burgruine emporsteigen.

Die Schweiz besitzt auf engem Raum eine vielfältige Landschaft mit sehr unterschiedlichen, spezifisch ausgeprägten Kultur- und Sprachregionen. Deutsch, Französisch, Italienisch und Rätoromanisch sind allesamt anerkannte Landessprachen.

Die Wechselwirkung von Mensch und Natur sowie geographische, klimatische, kulturelle und politische Einflüsse und Entwicklungen haben über Jahrhunderte ein Mosaik geschaffen, das für die Situation der Schweiz von außerordentlicher Bedeutung ist: Dieses Mosaik mit seiner Bausubstanz bildet eine Kulturlandschaft, deren Erhaltung und Pflege ebenso wichtig und bedeutsam ist, wie andernorts diejenige einzelner überragender Objekte.

Die Vielfalt und die große Bandbreite des natürlichen und kulturellen Erbes machen es der Schweiz nicht einfach, eine Auswahl der Objekte im Sinne des Übereinkommens zum Schutz des Kultur- und Naturgutes der Welt zu treffen. Gemäß der UNESCO-Konvention vom 23. November 1972 sollen ausschließlich Kultur- und Naturobjekte von außergewöhnlichem und universellem Wert in die Welterbeliste aufgenommen werden.

Nachdem die Konvention 1975 ratifiziert wurde, sind aus der Schweiz bisher vier Kulturobjekte in die UNESCO-Liste aufgenommen worden: 1983 die Berner Altstadt, der Stiftsbezirk von St. Gallen und das Benediktinerinnenkloster St. Johann in Müstair sowie im Jahre 2000 die „Tre Castelli" von Bellinzona. Sie alle – ob „die schönste von allen Städten", „die Schreibstube Europas", „das 1.200-jährige Kloster" oder „der Schlüssel und das Tor zu Italien" – erfüllen damit die Kriterien der Konvention. Diese Auszeichnung und Anerkennung beinhaltet aber auch die Verpflichtung, das Welterbe für kommende Generationen zu erhalten. Die Zuständigkeit für den Schutz und die Pflege der Objekte obliegt in der Schweiz zur Hauptsache den Kantonen. Dem Bund (schweizerische Bezeichnung für den Staat) fällt in diesem Bereich lediglich eine subsidiäre Rolle zu.

Angesichts der Übervertretung Westeuropas auf der Liste des Weltkulturerbes ist für diese geographische Zone bis auf weiteres mit keinen weiteren Eintragungen im Kulturgüterbereich mehr zu rechnen. Im Vordergrund steht heute das Naturerbe. Für die Schweiz ist das Gebiet „Jungfrau – Aletsch – Bietschhorn" zur Aufnahme ins Welterbe bereit. Diese großartige hochalpine Landschaft umschließt eine faszinierende Bergwelt (Eiger, Mönch und Jungfrau) auf dem Territorium der beiden Kantone Bern und Wallis.

Die Tatsache, dass die Aufnahme in die Liste des Welterbes in der Regel einen bedeutenden touristischen Nebeneffekt auszulösen vermag, hat das Interesse an einer Kandidatur mancherorts erheblich gesteigert. Der Zeitpunkt für einen „Marschhalt" ist aus innerschweizerischer Perspektive gekommen. Um den hohen Anforderungen in umfassender Art und Weise gerecht zu werden, soll eine „liste indicative" erarbeitet werden: ein Gesamtüberblick, der sowohl wissenschaftliche Kriterien, aber auch das Verhältnis zwischen Kultur- und Naturobjekten berücksichtigt.

Mit der Erforschung, dem Schutz und der Pflege der Kultur- und Naturdenkmäler leistet die Schweiz ihren Beitrag zur Erhaltung des Welterbes. Die in ihrer Gestalt einzigartigen Objekte prägen nicht nur unsere tägliche Umwelt – vielmehr bedeuten sie für die Menschen der internationalen Völkergemeinschaft kollektive Identifikationspunkte. Diese nicht nur im Sinne eines touristischen „Labels" sondern in ihrer Originalität zu erhalten, ist eine nachhaltige Aufgabe gegenüber kommenden Generationen.

Bern, August 2001

Johann Mürner
Sektionschef Heimatschutz und Denkmalpflege
im Bundesamt für Kultur, Bern

WELTERBE
Schweiz

**Weltkulturerbe
Schweiz
Aufnahme 1983**

Es waren keine strategischen oder wirtschaftlichen Überlegungen, die zur Gründung St. Gallens und seiner bedeutenden Klosteranlage führten, sondern der „Fingerzeig Gottes". Als der irische Wandermönch Gallus im Jahre 612 auf der Suche nach einem geeigneten Ort für seine Eremitenzelle in das wilde und enge Hochtal des heutigen St. Gallens

Der Stiftsbezirk St. Gallen

Für die künstlerische Ausschmückung der Stiftskirche schloss Bauherr Abt Cölestin einen Kontrakt „mit dem Wenzinger wegen ausziehrung der neüen kirchen in bilderhau Arbeit, mahlerey und Stuccador". Schon im Detail wird sichtbar, wie Johann Christian Wenzingers die Ausstattung der Kirche zu einem einmaligen Gesamtkunstwerk formte.

kam, strauchelte er und fiel in die Dornen. Dies und die wundersame Begegnung mit einem leibhaftigen Bären empfand er als Zeichen Gottes, an diesem Ort zu bleiben (so will es jedenfalls eine Variante der viel zitierten Sage). Dort, wo Gallus sein denkwürdiges Erlebnis hatte und seine Eremitenzelle baute, entstand um 719 unter Leitung des alemannischen Abtes Otmar ein Kloster, das im Mittelalter zur „Schreibstube" Europas erblühen und zu einem der wichtigsten kulturellen Zentren des Abendlandes werden sollte.

Von der letzten großen Blütezeit des Klosters St. Gallen im 18. Jahrhundert zeugt die eindrucksvolle Doppelturmfassade der Stiftskirche mit ihren 68 Meter hohen Türmen. Das Meisterwerk des sankt-gallischen Barocks steht auf dem Boden einer 1.300-jährigen Kirchengeschichte.

Der Name des Klosters St. Gallen ist weit über die Grenzen des deutschsprachigen Kulturraums ein Begriff und untrennbar verbunden mit einer einzigartigen, Jahrhunderte dauernden Blüte geistiger Kultur des Mittelalters. Die Klosteranlage entwickelte sich in karolingischer Zeit teilweise nach dem berühmten, um 820 gezeichneten „St. Galler Klosterplan". Zwischen dem 9. und 11. Jahrhundert wurde St. Gallen zu einer der bedeutendsten Stätten von Kunst und Geisteskultur. Hier wirkten so bekannte Mönche wie Ekkehart II., der in hohem Ansehen beim deutschen Kaiser Otto I. stand, der vielseitig begabte Elfenbeinschnitzer Tuotilo, der Sequenzendichter Notker der Stammler und schließlich Notker der Deutsche, der für den Unterricht im Kloster Werke antiker Philosophen und die Psalmen in das Althochdeutsche übertrug. Diese Umsetzungen zeugen von hoher sprachschöpferischer Kraft und gelten als herausragende literarische Leistungen jener Zeit.

Im 15. Jahrhundert weitete Abt Ulrich Rösch den Einflussbereich der Fürstabtei entscheidend aus und schuf so den „modernen" geistlichen Territorialstaat. In den darauf folgenden drei Jahrhunderten erlebte das Gallusstift eine zweite, höchst eindrucksvolle Blüte. Seit 1983 steht der St. Galler Stiftsbezirk mit seinem Ensemble außergewöhnlicher Zeugnisse der Architekturgeschichte, der weltberühmten Stiftsbibliothek, die eine einmalige Sammlung von Handschriften und Inkunabeln besitzt, und dem Stiftsarchiv mit seinen für die Frühgeschichte des alemannischen Raums ungemein wichtigen Urkunden auf der Liste der Welterbestätten der UNESCO.

Der bauliche Organismus des Stiftsbezirks von St. Gallen verkörpert in einzigartiger Weise seine 1.200 Jahre alte Geschichte. Auf dem Gelände der im 8. Jahrhundert gegründeten Abtei folgte Kirche auf Kirche, die jede auf ihre Weise eine Spitzenleistung darstellte. 1566/67 wurde die im Spätmittelalter unter Abt Ulrich Rösch neu konzipierte Klosteranlage mit einer Ringmauer umgürtet und erhielt ein eigenes Tor, das so genannte Karlstor. Im 17. Jahrhundert erfuhr der Stiftsbezirk eine rege Bautätigkeit. So entstanden 1623 die Otmarskirche, 1666/67 der Hofflügel und 1674 der östliche Kreuzgangflügel mit zahlreichen Nebenbauten. Ab

Das Herzstück der Stiftsbibliothek St. Gallen ist sein einzigartiger Bestand an Handschriften. Der Folchart-Psalter gilt als Höhepunkt sankt-gallischer Initialkunst. Er beinhaltet hauptsächlich die 150 Psalmen des Alten Testaments. Geschrieben und illustriert wurde er zwischen 864 und 883 im Kloster St. Gallen unter dem Skriptoriumsleiter Folchart.

1755 wurde die Anlage unter den Äbten Cölestin Gugger von Staudach und Beda Angehrn zur fürstäbtischen Residenz mit Klosterkirche ausgebaut. Die Kathedrale ist eine der letzten monumentalen Klosterbauten des Barocks in Europa, und die im Westflügel untergebrachte Stiftsbibliothek gilt gar als schönster Zeuge dieser Baugattung in der Schweiz. 1797 vollendete Abt Pankraz Vorster die Neue Pfalz, in der seit der Gründung des Kantons St. Gallen 1803 Regierung und Parlament ihren Sitz haben.

Nach der Klosteraufhebung 1805 kam es im zweiten Viertel des 19. Jahrhunderts zu markanten Veränderungen. Die bauliche Erneuerung, die zwischen 1823 und 1845 fast die ganze Nordflanke des Stiftseinfangs erfasste, begann mit der Errichtung eines Wohnhauses an der Gallusstraße 16. 1828 erfolgten der Abbruch der Schiedmauer zwischen Kloster und Stadt, die Errichtung eines neuen „Markthauses" anstelle des alten Schuh- und Schmalzhauses (Marktgasse 30) und die Verlegung der alten Klosterhofzufahrt nach Westen. 1838–1841 erstellte Felix Wilhelm Kubly das Zeughaus und das katholische Schulhaus, und 1842–1845 folgte die Kinderkapelle vom gleichen Architekten.

Trotz seiner wechselvollen Baugeschichte wirkt der Stiftsbezirk von St. Gallen geschlossen und homogen. Heute prägt die Stiftskirche mit ihrer prächtigen Doppelturmfassade den Platz. Der eindrucksvolle Kirchenbau ist eines der spätesten monumentalen Klosterbauten des Barocks in Europa und zugleich imposantes Zeugnis von der letzten Blütezeit der Abtei, nur ein halbes Jahrhundert vor der tragischen Auflösung des Stifts 1805. Er entstand in den Regierungsjahren des baufreudigen Fürstabtes Cölestin II. Gugger von Staudach (1740–1767) zusammen mit weiteren Glanzwerken des so genannten stift-sankt-gallischen Barocks, wie dem mächtigen Kornhaus in Rorschach oder dem edlen Amtshaus in St. Fiden. Neu errichtet wurden auch die Konventsgebäude und die berühmte Stiftsbibliothek. Die Bibliothek ist als solche erhalten geblieben, während im Konventsgebäude die Bibliotheksverwaltung und anschließend die Katholische Kantonssekundarschule untergebracht worden ist.

An der Planung und Ausführung der Stiftskirche war ein ganzer Stab bedeutender Baumeister beteiligt mit herausragenden Persönlichkeiten wie Peter Thumb, einem gebürtigen Bregenzwäldler, wohnhaft in Konstanz, Johann Caspar Bagnato, bekannt als Deutschordenarchitekt, oder Johann Michael Beer. Auch der sankt-gallische Klosterbruder Gabriel Loser spielte eine wesentliche Rolle. Der endgültige Baubeschluss wurde im April 1755 gefasst, als der Konvent nach der Planbegutachtung seinen Abt einstimmig darum bat, „er möchte nach gedachtem Riss die kirch zue erbauen die gnad haben" und einen Kontrakt mit Baumeister Thumb aufsetzen. Bis 1766 entstand ein vollständiger Neubau, lang gestreckt und symmetrisch mit zentraler Kuppel. Für Langhaus und Rotunde war Peter Thumb zuständig, für Chor und Turmfassade Johann Michael Beer. Ein Team hervorragender Künstler und Kunsthandwerker schuf die einheitliche Innenausschmückung. Unter der Leitung von Bildhauer Christian Wenzinger arbeiteten zum Beispiel der Kirchenmaler Joseph Wannenmacher und die Stuckatoren Johann Georg und Matthias Gigl, sowie Joseph Anton Feuchtmayer – er schuf die Holzreliefs am Chorgestühl – an der prächtigen malerischen und plastischen Ausgestaltung.

Beinahe zeitgleich mit dem Neubau der Kirche entstand im Stiftsbezirk St. Gallen ein weiteres Hauptwerk des sankt-gallischen Spätbarocks. Die Stiftsbibliothek, eine der schönsten und ältesten Bibliotheken der Welt, gilt wegen ihres wertvollen Bestandes und ihres Lese- und Ausstellungssaales als Weltkulturgut ersten Ranges. Der schwungvoll bewegte Barockraum mit seiner festlichen und edlen Rokokoausstattung ist wohl der eindrucksvollste Profanraum dieser Art in der Schweiz. Die feinen Intarsienarbeiten des Parketts, vergoldetes Schnitzwerk, Stuckaturen von spielerischer Leichtigkeit und prächtige Deckengemälde schmücken die vielleicht schönste Bibliothek der Welt. Charakteristisch ist auch die geradezu warme Ausgestaltung mit durchgehendem Holzwerk. Der Bau und seine Ausstattung ist im Wesentlichen den gleichen Künstlern und Kunsthandwerkern zu verdanken, die auch in der Stiftskirche ihr herausragendes Können eindrucksvoll unter Beweis gestellt haben.

Historisch gesehen ist die Bibliothek fast ein Jahrtausend älter als ihr jetziges Gebäude, wie die vor Ort entstandenen Manuskripte oder die 294 Einträge des um 885 verfassten, ersten Bücherkataloges zeigen. Schon im etwa 820 entstandenen St. Galler Klosterplan ist eine mittelalterliche Bibliothek verzeichnet. Ein eigener, zweigeschossiger Bibliotheksbau ist aus dem 16. Jahrhundert bekannt.

*E*iner der schönsten Bibliotheksräume der Welt ist der Barocksaal der St. Galler Stiftsbibliothek. Feinste kunsthandwerkliche Details, prächtige Deckengemälde in einer kostbaren Stuckumrahmung und mit Bücherregalen umbaute Wandpfeiler, prägen den schwungvoll bewegten Innenraum.

Der außerordentlich wertvolle Bücherbestand der Stiftsbibliothek ist ein unschätzbares Zeugnis der europäischen Kultur und dokumentiert die besondere kulturelle Leistung des Klosters St. Gallen vom 8. Jahrhundert bis zu seiner Aufhebung 1805. Zahlreiche grundlegende Werke der europäischen Geistesgeschichte werden hier aufbewahrt, Herzstück der Sammlung ist das weitgehend in St. Gallen entstandene Korpus karolingisch-ottonischer Handschriften aus dem 8. bis 11. Jahrhundert. Heute versteht sich die Bibliothek als moderne wissenschaftliche Einrichtung und gehört zu den führenden Museen in der Schweiz. Annähernd 100.000 Besucher kommen jährlich in den einzigartigen Barocksaal der Bibliothek. „An Größe, an Pracht wetteifert sie nicht mit den Bibliotheken der barocken Donaustifte von Melk bis Klosterneuburg, aber ihre verführerische Intimität ist überhaupt unvergleichlich."

**Weltkulturerbe Schweiz
Aufnahme 1983**

Im Dialekt sagen die Bündner Romanen „Müstair" und bezeichnen mit diesem Wort – es leitet sich aus dem lateinischen monasterium ab – ein Kloster. Im Südosten des Kantons Graubünden, in der Südostschweiz an der Grenze zu Südtirol, ist ein ganzes Tal nach einem Kloster benannt worden. Das Val Müstair oder das Münstertal, wie es auf Deutsch

Das Benediktinerinnenkloster St. Johann in Müstair

An prominenter Stelle, an der schmalen Stirnwand zwischen der Mittel- und der Südapsis, steht in einem spätgotischen Steintabernakel die lebensgroße Figur des legendären Klostergründers Karls des Großen. Die Stuckplastik ist im unteren Bereich beschädigt und wurde in Tuffstein ergänzt.

heißt, hat seinen Namen der berühmten Klosteranlage von St. Johann in Müstair zu verdanken. Sie ist tief verwurzelt mit einem Namen von ganz anderer Bedeutung: Der Überlieferung nach geht die Stiftung auf den mächtigen Frankenherrscher Karl den Großen zurück. In den Jahren vor 800 ist das Klos-

Der Weg zu der berühmten karolingischen Klosterkirche mit ihrem mächtigen, spätgotischen Kirchturm führt den Besucher auch an der doppelgeschossigen Heiligkreuzkapelle aus dem Ende des 8. Jahrhunderts vorbei.

ter gegründet worden, eine erste urkundliche Erwähnung gibt es schon im ersten Viertel des 9. Jahrhunderts, ein Zeitraum, der in die Regierungszeit des bedeutenden Herrschers fällt. Bestimmt hatte er einen wesentlichen Anteil an der Klostergründung, doch als eigentlicher Stifter gilt sein enger Vertrauter, der Bischof von Chur. Die wichtige Rolle Karls des Großen für die Gründung des Klosters wird dadurch nicht geschmälert und zeigt auch den weitsichtigen Blickwinkel des großen Strategen und Politikers. Die von ihm eingesetzten Bischöfe waren zugleich auch weltliche Verwalter Churrätiens. Damit hatte er auch Kontrolle über die wichtigsten Alpenpässe in einer Zeit der Auseinandersetzung mit dem Reich der Langobarden.

Die ersten Mönche kamen vermutlich aus dem nördlich von Chur gelegenen Kloster Pfäfers in das „Monasterium in Tuberis", wie das Kloster bis zu seiner Umbenennung 1157 hieß. Neben ihrer Hauptaufgabe des Gottesdienstes und des Gebetes hatten die Benediktinermönche in Müstair zu allen Zeiten die wichtige Pflicht, am Zugang zum Ofenpass und zum Vintschgau, Reisende zu beherbergen. Seit dem 11. Jahrhundert besteht im Kloster auch eine Bischofsresidenz mit einem turmartigen Wohnbau, Saalanbauten und einer zweigeschossigen Kapelle. Mehrfach umgebaut, hat sich dieser Residenzkomplex bis heute erhalten.

In der Barockzeit und auch im 19. Jahrhundert sind die meisten Klöster in der Schweiz neu oder umgebaut worden, teilweise zu monumentalen und repräsentativen Residenzen der in den Fürstenstand erhobenen Prälaten. Nicht so das weniger wohlhabende Kloster in Müstair. Es gilt heute neben Sankt Georgen in Stein am Rhein als einziges Kloster in der Schweiz, das sein mittelalterliches Gesicht wahren konnte. Die „Klosterburg" St. Johann mit ihren Kirchen, Wohn- und Wirtschaftsgebäuden wurde zwar auch im Mittelalter und der Neuzeit immer wieder verändert, ist aber heute im Wesentlichen von den spätmittelalterlichen Maßnahmen der „Bau-Äbtissin" Angelina Planta (1478–1509) nach dem verheerenden Brand von 1499 geprägt. Mit den Wiederherstellungsarbeiten entstanden ein Großteil der heutigen Hofbebauung, der Nordstall und die beiden Tortürme. Der baufreudigen Äbtissin ist auch die prachtvolle Umgestaltung der Klosterkirche zu verdanken. Sie ließ die Gewölbe in den ehemals flachgedeckten Kirchenraum einbauen und die Fensteröffnungen verändern. In der Zeit nach den Reformationswirren entstand auch der mächtige Glockenturm. Herausragende ältere Einzelbauten sind neben der Kirche und der Bischofsresidenz vor allem die Heiligkreuzkapelle, die schon im 8. Jahrhundert an die Südostecke des Klosters angebaut wurde. Der so genannte Plantaturm, dieses markante Gebäude im Nordwesten des Klosters mit seinem zinnenbekrönten Pultdach, zählt zu den ältesten erhaltenen Profangebäuden der Schweiz. Der Wohn- und Wehrturm entstand etwa nach 958. Die gesamte Klosteranlage wurde 1983 in die Liste der Welterbestätten der UNESCO aufgenommen.

Von dem ursprünglichen karolingischen Kloster stehen heute noch die Kirche und die Heiligkreuzkapelle. Nach archäologischen Grabungen ließen sich allerdings Teile der mehr als 1.200 Jahre alten Klosteranlage nachweisen. Die Untersuchungen hatten gezeigt, dass Müstair „nicht irgendein bescheidenes Bergklösterlein" war, sondern „eine monumentale Anlage, deren vierseitig umbauter Kreuzhof die Größenordnung des gleichzeitigen St. Galler Kreuzhofes erreicht. Bedeutungsmäßig stellt das Ganze eine Parallele zum St. Galler Klosterplan dar, der in der Stiftsbibliothek St. Gallen aufbewahrt wird. Dort haben wir alles schriftlich aus der Zeit um 830, hier (fast) alles im Maßstab 1:1, durch Ausgrabungen rekonstruiert, und die Kirche als sichtbares Zeugnis", so die begeisterten Worte eines Vertreters der Denkmalpflegebehörde Graubündens.

Seinen großen Bekanntheitsgrad verdankt das Kloster hauptsächlich seiner Klosterkirche, die zu den bedeutendsten unter den wenigen fast vollständig erhaltenen karolingischen Bauten gehört. Nicht nur das Bauwerk mit seinen charakteristischen drei Apsiden, sondern vor allem seine künstlerische Ausstattung, besonders der karolingische Freskenzyklus, haben die Kirche weit über die Schweizer Grenzen hinaus berühmt gemacht. Die einzigartigen Malereien sind durch Zufall gefunden worden. Im Jahre 1896 entdeckte man im Dachstuhl der Kirche über den nachträglich eingebauten spätgotischen Gewölben an allen vier Wänden Reste von unverkennbar frühmittelalterlicher Wandmalerei. In der Hoffnung auf weitere spektakuläre Funde legte man probeweise im Kirchenraum Wandflächen frei und stieß dabei auf eine weitere Sensation. Nicht nur karolingische, dafür aber leuchtend bunte und äußerst qualitätsvolle Bilder aus dem 12. Jahrhundert kamen zum Vorschein. Es sollte etwa 50 Jahre dauern, bis die Mittel zur Verfügung standen, den Kirchenraum zu renovieren und die einstige malerische Pracht freizulegen.

Zu den Kunstschätzen des Klostermuseums gehört auch das Fürstenzimmer, der ehemalige Wohnraum des Fürstbischofs von Chur, aus dem Jahre 1642. Neben der kunstvollen Holzvertäfelung und der prächtigen Kassettendecke ist der Raum auch mit einem originalen Turmofen ausgestattet, eine Tiroler Arbeit um 1642.

Nach den Freilegungs- und Restaurierungsarbeiten der Jahre 1947 bis 1950 stellte sich heraus, dass ursprünglich sämtliche freien Wandflächen des Gotteshauses mit den rötlich schimmernden Malereien bedeckt waren. Seit ihrer Aufdeckung verfügt die kleine Kirche des abgelegenen Alpenklosters über den größten erhaltenen Freskenzyklus des frühen Mittelalters in einem ungewöhnlich guten Zustand. Als Auftraggeber für dieses großartige Gesamtkunstwerk kommt in erster Linie Bischof Remedius von Chur (ca. 795–820) infrage. Er hatte damals im Einvernehmen mit den fränki-

*D*as Kloster Müstair ist heute vor allem wegen seiner karolingischen Fresken weltweit bekannt. Auch an der Westwand haben sich Malereien aus dem einzigartigen Zyklus erhalten. Die wie antike Philosophen disputierenden Apostel gehören zur Darstellung des Jüngsten Gerichts.

schen Herrschern die Geschicke Rätiens gelenkt. Wer aber waren die Künstler? Die Spurensuche führte bisher zu einem unbekannten oberitalienischen Freskoatelier, zu einer byzantinisch beeinflussten Werkstattgemeinschaft. Der leitende Meister, so vermutet die Forschung, muss aus einer Gegend gekommen sein, in der die römisch-antike Tradition nie ganz erloschen war. Das Thema des umfassenden Bildprogrammes ist typisch für die hochkarolin-

Ein weiterer künstlerischer Höhepunkt der Kirchenausstattung sind die Malereien aus dem 12. Jahrhundert, einer Zeit der höfischen Dichtung, der ritterlichen Epik und des frühen Minnesangs. Künstler aus dem venezianischen Hinterland könnten die prächtigen Malereien geschaffen haben. Dafür sprechen die leuchtend satten Farben, die am Detail interessierte Erzählfreude und die tänzerische Leichtigkeit der schlanken Figuren.

*I*n der Südapsis stellen die qualitätsvollen farbenprächtigen Malereien aus dem 12. Jahrhundert die Vita des Erzmärtyrers Stephanus dar. Im Steinhagel einer wütenden Menge war der Märtyrer umgekommen. Der Ausschnitt zeigt, wie er feierlich zu Grabe getragen wird.

gische Zeit: Im Mittelpunkt steht Jesus Christus der Erlöser, die Vita des Klosterpatrons Johannes des Täufers und die Bilder vom Leben und Sterben der Apostel sind zu- und untergeordnet. Die erhaltene Ausmalung in Müstair gilt als besonderer Glücksfall der höfischen hochkarolingischen Kultur, erfüllt sie doch die wesentlichen Forderungen karolingischen Bildverständnisses, wie sie in der libri carolini zur Zeit Karls des Großen festgehalten worden war: Sie soll dem Schmuck dienen, die heilige Geschichte vergegenwärtigen und den Betrachter belehren.

Die farbenprächtige Gestaltung der Klosterkirche aus dem 12. Jahrhundert entstand in einer Zeit, als das Männerkloster in ein Frauenkloster umgewandelt worden war. Noch heute wohnen, beten und arbeiten Schwestern im Kloster Müstair. In der Welterbestätte der UNESCO, mit ihren kostbaren Bauten und Einrichtungen, pulsiert noch immer das ursprüngliche Leben und der Geist seiner benediktinischen Anfänge und verleiht diesem Ort seine besondere und einzigartige Ausstrahlung.

Weltkulturerbe Schweiz Aufnahme 1983

Der Kanton Bern hat vieles zu bieten: eisbedeckte Gipfel, von Gletschern ausgehobelte Täler mit steilen Hängen und Wasserfällen, ein sanft hügeliges Mittelland und Seen vor der malerischen Bergkulisse. Neben dieser großartigen Natur besitzt der Kanton aber auch ein besonderes Kleinod: seine Hauptstadt Bern mit ihrer einzigartigen Altstadt.

Die Altstadt von Bern

Johann Wolfgang von Goethe bezeichnete sie 1779 als die schönste Stadt, die er je gesehen habe. Goethe, den seine Reisen mehrfach in die Schweiz geführt hatten, kam einmal auch in recht ungewöhnlicher Mission. Nicht als Dichter, sondern als Politiker war er nach Bern gekommen, um über eine Anleihe für das finanzgeplagte Herzogtum Weimar zu verhandeln und hatte auch Erfolg damit. Mit

Am westlichen Ende der Kramgasse steht der Zytgloggeturm, mit seinem Figurenspiel und der astronomischen Uhr, eine der Hauptattraktionen der Berner Altstadt. Umbauten und neue Nutzungen haben ihn über die Jahrhunderte hinweg bis heute erhalten. Der hohe Dachaufbau mit der Laterne stammt aus den Jahren 1770/71. Im Vordergrund ist der Simsonbrunnen zu sehen.

seinem Lob über die Stadt wollte er aber bestimmt nicht seinen Geldgebern schmeicheln, denn dass seine schwärmerischen Worte über Bern ernst gemeint waren, lässt sich noch heute nachvollziehen. Die Altstadt von Bern, die Goethe damals bewunderte, hat sich seitdem nahezu unverfälscht und fast vollständig erhalten. Mit all ihren Häusern, Brunnen, Türmen, Gassen, Arkaden und Kellern ist die Berner Altstadt – als bisher einzige Schweizer Stadt in ihrer Gesamtheit – 1983 in die Liste der Weltstätten der UNESCO aufgenommen worden.

Ihr einmaliger Erhaltungszustand ist der Liebe und Wertschätzung der Bürger für ihr bauliches Erbe zu verdanken, aber auch der außergewöhnlichen und charakteristischen Lage der Altstadt von Bern. Reizvoll liegt sie in einer engen Schleife der Aare, die sich gleichsam schützend um den Kern der Stadt legt. Von der Kirchenfeldbrücke, vom Muristalden Berchtold V. vor den Toren der Burg eine Siedlung anlegen ließ. Keine willkürliche Ansammlung von Häusern entstand, sondern ein wohl überlegtes System aus parallelen Straßen und Häuserparzellen. Die Stadt vergrößerte sich rasch, ihr grundlegendes Straßennetz behielt sie aber bei allen folgenden Erweiterungen nach Westen.

Die parallelen Straßenzüge mit ihren geschlossenen Häuserreihen sind das besondere Merkmal der Altstadt von Bern. Herzog Berchtold V. hatte 1191 die Gründungsstadt nach diesem städtebaulichen Grundmuster auf der Aarehalbinsel erbaut. Heute ist die Bundeshauptstadt Bern weit über die Ufer des Flusses ins Umfeld gewachsen.

oder vom Rosengarten her lässt sich der Wert und die Schönheit der Berner Altstadt am besten erfassen, denn von hier aus blickt man aus der Vogelperspektive auf das einzigartige Stadtdenkmal. Aus einem mittelalterlichen Kern heraus durfte die Stadt im Laufe ihrer Geschichte wachsen und ihr Gesicht bis hin zu dem heutigen prächtigen, oft spätbarocken Erscheinungsbild verändern, ohne eine wertvolle Eigenschaft zu verlieren: ihren einzigartigen mittelalterlichen Gründungsplan.

Der historisch gewachsene Stadtgrundriss der Altstadt hat eine Tradition, die bis in das 12. Jahrhundert zurückgeht. Damals bauten die Zähringer auf dem von der Aare umflossenen und von der Natur hervorragend geschützten Landsporn die Burg Nydegg. Das Jahr 1191 ist als Gründungsdatum von Bern überliefert, als der Zähringer Herzog

Im Jahre 1218 wurde Bern freie Reichsstadt und vergrößerte sich kontinuierlich in Fortführung der zähringischen Planung. Einen Endpunkt ihrer anfänglichen Ausdehnung nach Westen markiert heute eindrucksvoll der berühmte Zytgloggeturm (Zeitglockenturm). Immer wieder wurde der Platz innerhalb der Mauern zu eng und bis in das 14. Jahrhundert schob sich die Stadt schrittweise nach Westen vor, konsequent in Verlängerung des alten Straßensystems. Noch heute, nach 800 Jahren Stadtgeschichte, erscheint die Altstadt von Bern wie aus einem Guss. Das Straßennetz wird nur unmerklich von den Spuren der immer weiter nach Westen „gewanderten" Stadtmauer unterbrochen, die gleich „Wachstumsringen" Zeugnis von dieser einmaligen historischen Entwicklung ablegen.

Nicht nur sein Stadtgebiet hatte Bern immer wieder ausgeweitet, sondern auch seine Hoheitsgrenzen. Im späten Mittelalter und der frühen Neuzeit gelang es, durch geschickte Geschäftspolitik und nach militärischen Erfolgen zum größten Stadtstaat nördlich der Alpen aufzusteigen. In dieser Blütezeit wurde Bern von seiner schlimmsten Katastrophe heimgesucht. Ein verheerender Brand zerstörte 1405 die Stadt mit ihren Holzhäusern. Beim Wiederaufbau entstand sie jedoch in neuer Pracht, geprägt von der Schönheit neuer, aus Sandstein erbauter Häuser, wie es nach der Katastrophe angeordnet worden war. Die neuen Bürgerhäuser waren nicht nur größer und höher, sondern überdeckten im Erdgeschossbereich den Randbereich der Gassen und bildeten damit die berühmten Lauben, eine Art öffentlicher Fußgängerpassagen. Diese Laubengänge wurden seitdem zu einer festen baulichen Tradition in der Stadt und sind heute insgesamt etwa 6 Kilometer lang. Bern besitzt damit eine der längsten gedeckten Straßenzüge Europas, „Gassen, die zu beiden Seiten Gewölbe haben, unter denen man trockenen Fußes gehen kann", wie ein Chronist bereits 1479 notierte. Mit dem Wiederaufbau entstand auch das Rathaus, das sein gotisches Aussehen weitgehend bewahren konnte.

In ihrer erhaltenen Einheitlichkeit präsentiert sich die Berner Altstadt bis heute als großartige Kunststadt und viele einzelne architektonische Höhepunkte sorgen für Überraschungen. Malerische Akzente in den Gassen setzen prächtige Brunnen aus dem 16. Jahrhundert mit den unterschiedlichsten Motiven. Wohl wegen seiner ungewöhnlichen Darstellung wird der „Kindlifresserbrunnen" auf dem Kornhausplatz gern besucht: Ein Kinderfresser verschlingt ein kleines Kind nach dem anderen.

Eindrucksvoll erinnern drei Türme an die ehemaligen Stadtbefestigungen im Mittelalter. Neben dem Käfigturm und dem Holländerturm in der oberen Stadt und dem ehemaligen Unteren Tor an der Untertorbrücke ist der oft umgebaute Zytgloggeturm am Rande der ersten Stadterweiterung des frühen 13. Jahrhunderts eine besondere Attraktion. Schon vor jeder vollen Stunde versammelt sich eine Menschentraube vor dem Turm, um seine Uhr und das Figurenspiel, ein Meisterstück aus dem 16. Jahrhundert, zu bewundern. Es beginnt mit einem Hahnenschrei vier Minuten vor dem Stundenschlag: Ein Bärenreigen bewegt sich, während ein Narr zwei Glocken anschlägt. Nach der „Bärenrunde" kräht der Hahn erneut. Es folgen Viertelstundenschläge von der Laterne und Chronos wendet seine Sanduhr. Die vergoldete Lindenholzfigur in der Dachlaterne schlägt im Takt, den Chronos mit seinem Zepter vorgibt, die Stunden, und ein Löwe wackelt mit dem Kopf dazu. Nach dem dritten Hahnenschrei endet das einmalige Spektakel. Die astronomische Uhr am Turm verrät Stunde, Wochentag und Monat, außerdem die Stellung der Sonne im Tierkreis und das aktuelle Tierkreiszeichen.

Im Jahre 1848 wählte das erste schweizerische Gesamtparlament Bern zur Bundeshauptstadt der Schweiz. Stolz demonstriert das kuppelbekrönte Bundeshaus im Südwesten der Altstadt die Einheit und das Selbstbewusstsein des ganzen Landes.

*E*rst im 19. Jahrhundert erhielt der Brunnen in der Kramgasse den Namen Simsonbrunnen. Die von Hans Gieng 1544/45 geschaffene Brunnenfigur erinnert an den biblischen Helden, der mit bloßen Händen einen Löwen bezwungen hatte. Noch im 17. Jahrhundert wurde der Brunnen wegen seiner Nähe zum Zunfthaus der Metzger und zur Fleischschau als „Metzgerbrunnen" bezeichnet.

Die Gassen der Berner Altstadt haben alle ihren eigentümlichen Reiz und eine besondere historische Bedeutung. Auch wenn man keine von ihnen hervorheben möchte, ist doch die Hauptgasse östlich des Zytglogge, die ehemalige Marktgasse, die anmutigste von allen. Seit der Gründung der Stadt war sie der Mittelpunkt des Handels und zugleich wichtigste Verkehrsachse. Nur in einem Abschnitt hat sich der alte Gassenname erhalten. Nach Osten setzt sich die Hauptader der Altstadt als Kramgasse fort mit geschlossenen Häuserzeilen, die zum Teil bis in das 15. Jahrhundert zurückreichen und ihren bedeutenden Zunfthäusern. In ihrem östlichsten und ältesten Abschnitt, der heutigen Gerechtigkeitsgasse, gestaltete der Berner Baumeister Albrecht Stürler im 18. Jahrhundert verschiedene Fassaden. Das bekannte Marquard- oder Wattenwylhaus von 1741/42 (Gerechtigkeitsgasse 40) stammt auch aus der Hand des gefragten Architekten, der nebenberuflich Politiker und Mitglied des Großen Rates war. Ein besonders prominentes Bürgerhaus ist das so genannte Mayhaus von 1515. Es steht an der Nr. 62 der Münstergasse, die parallel zur Kramgasse verläuft.

Berns weithin sichtbares Wahrzeichen ist das spätgotische Münster St. Vinzenz, das nach der Grundsteinlegung 1421 als Bauwerk der Stadt und ihrer Bürger in zahlreichen Bauetappen errichtet worden ist. Maßgeblichen Anteil an dem Bauwerk hatte der Ulmer Matthäus Ensinger und auch das in Teilen erhaltene prachtvolle Passionsfenster im Chor ist einem Künstler aus Ulm zu verdanken, dem Meister Hans von Ulm. Als Meisterwerk spätgotischer Steinhauerkunst gilt das Hauptportal im Westen mit der Darstellung des Jüngsten Gerichts. Stolz wollte man die neue Westfassade mit dem Portal des Meisters Küng im Stadtbild präsentieren und ließ deshalb eine sichtverdeckende Reihe schmaler Bürgerhäuser abreißen.

Was wäre die heutige Bundeshauptstadt ohne ihren berühmten Bären? Der Sage nach hatte Herzog Berchtold bei einer Jagd angeordnet, die Stadt nach dem ersten erlegten Tier zu benennen „und es ward des ersten ein ber gevangen". Seit Ende des 15. Jahrhunderts wurde das Wappentier in Stadtgräben, später in mehreren Bärengräben gehalten. Auch heute noch ist das lebendige Wappentier im Bärengraben an der Nydeggbrücke eine vielbesuchte Attraktion.

Weltkulturerbe Schweiz Aufnahme 2000

Die Wehranlagen von Bellinzona gehören zu den großartigsten Zeugnissen der mittelalterlichen Befestigungskunst in der Schweiz und gelten sogar als besterhaltendstes Beispiel mittelalterlicher Militärarchitektur im gesamten Alpenraum. Immer wieder ist um den Besitz dieses außergewöhnlichen Platzes gestritten worden. Hier waren schon römische Legi-

Die Burgen von Bellinzona

onäre präsent, zogen germanische und rätische Horden vorbei und hier versuchten auch die jeweiligen Herren Italiens, fremde Eindringlinge abzuwehren.

Drei Burgen, der Castelgrande, der Montebello und der Sasso Corbaro, haben die Befestigungsanlage von Bellinzona im oberen Tessin berühmt gemacht. Das einmalige Ensemble der Wehranlagen, zu der auch Sperrmauern und die Stadtmauer von Bellinzona gehören, hat ihre heutige Gestalt im Wesentlichen den Um- und Ausbaumaßnahmen des Spätmittelalters zu verdanken. In dieser Zeit wuchsen sie zu einer Talsperre zusammen, die eine Verbindung von effektiven Verteidigungseinrichtungen, architektonischem Gestaltungswillen und landesfürstlicher Machtsymbolik repräsentiert. Ausgestattet mit diesen Attributen bildet das Festungswerk von Bellinzona – auch im gesamteuropäischen Raum – ein einzigartiges Baudenkmal. Anlässlich seiner 24. Jahrestagung in Cairns/Australien hat das UNESCO-Welterbekomitee die „Tre Castelli" – die drei Burgen – von Bellinzona in ihre Welterbeliste eingetragen.

Der Stich von Matthäus Merian aus dem Jahre 1642 zeigt das Flusstal des Ticino mit seinen einst nahezu unüberwindbaren Burgen: 1. Castello di Sasso Corbaro, 2. Castello di Montebello, 3. Castelgrande.

Es verwundert nicht, dass der Bau von Befestigungsanlagen an dieser Stelle eine jahrhunderte alte Tradition besitzt, denn das natürliche Gelände bietet sich förmlich dazu an: Ein mächtiger Felsriegel führt von Osten her quer in das Tal und bildet einen natürlichen Engpass, durch den sich nur der Fluss Ticino zwängen kann. Mitten in der Talsohle türmt sich dieser Riegel zu einer Felsbastion auf und trägt den majestätischen Gebäudekomplex des Castelgrande. Im Osten des steilen Burghügels lässt der Felsen nur eine zweite schmale Lücke offen, den Weg für die alte Talstraße und das im 13. Jahrhundert angelegte Städtchen Bellinzona. Das Gelände war deshalb ungemein geeignet für den Bau einer Wehranlage. Entscheidend für die überragende Bedeutung Bellinzonas war aber ihre strategische verkehrspolitische Lage. In der Talenge laufen so viele Passrouten zusammen, wie kaum in einem anderen südlichen Alpenausgang: Neben den heute modern ausgebauten Übergängen des Nufenen, Gotthard, Lukmanier und San Bernadino, gab es die rege begangenen Pfade über die Greina und den S. Jorio. Diese Reiserouten bündeln sich bei Bellinzona zu einem einzigen Strang. Für die ungezählten Menschen, die im Laufe der Jahrhunderte auf dem Weg nach Süden über die Alpen kamen, endete hier ihr beschwerlicher Weg über die Pässe, bildete Bellinzona die Grenze zwischen dem rauen Gebirge und der fruchtbaren Landschaft Italiens.

Es verwundert daher nicht, dass die Talenge in ihrer Geschichte immer wieder zum Zankapfel aller möglicher Interessenten geworden ist. Im Frühmittelalter rauften sich Alemannen, Franken und Langobarden um ein Kastell aus römischer Zeit, später legten römisch-deutsche Kaiser ihre Hand auf das inzwischen erneuerte Festungswerk. Lange Zeit stritten sich Kaiser und Papst, Como und Mailand, Guelfen und Ghibellinen um den begehrten Stützpunkt.

Das Castello di Sasso Corbaro ist die jüngste der drei mächtigen Burgen in Bellinzona. Mit ihrem Bau wurde erst 1478 begonnen, zunächst mit dem massiven Hauptturm, hier in einer Ansicht von Südosten. Die kleine Festung diente in Friedenszeiten auch als Gefängnis.

„Dieser Platz ist Schlüssel und Tor zu Italien", schrieb Kriegskommissär Azzo Visconti 1475 an den Herzog von Mailand, um auf den dringend notwendigen fortifikatorischen Ausbau der Talsperre aufmerksam zu machen. Der imposante Anblick, den das mächtige Festungswerk heute bietet, geht vor allem auf die rege Bautätigkeit der Herzöge von Mailand zurück, die nach ihrem Sieg über die Schweizer Urner und ihre verbündeten Miteidgenossen 1422 in den Besitz Bellinzonas gekommen waren. Wegen der anhaltenden Bedrohung, die von den unberechenbaren Innerschweizern ausging, bauten die Herzöge Bellinzona im Laufe des 15. Jahrhunderts zu einer kaum bezwingbaren Talsperre aus. Kernstücke mächtiger Verstärkungen waren der Ausbau des Castelgrande und des Castello di Montebello. Die Sperrmauer westlich des Castelgrande, die so genannte „Murata", wurde vollständig neu aufgebaut und auf dem Sasso Corbaro entstand zusätzlich ein starkes Kastell. Zugleich wurden die Stadtmauern und die Außenwerke der Burgen verstärkt und erhöht.

Beim Betrachten der Mauern, Türme, Zinnen und Schießscharten lässt sich noch heute die Trutzwirkung spüren, die die Talsperre im Mittelalter ausgestrahlt haben muss. Schon 1242 war Bellinzona – und damit war damals das Castelgrande gemeint – dafür bekannt, dass es durch seine Lage und Befestigung nicht erstürmt werden könne. Nach dem Ausbau durch die Mailänder Herzöge blieb es auch für die Eidgenossen uneinnehmbar. Erst nach der politischen Zerrüttung Mailands – König Ludwig XII. drang 1499 in das Herzogtum ein – verhalf ihnen die praktisch unbezwingbare Feste in die Hand zu bekommen. Seither kehrten ruhigere Zeiten ein und die Befestigungsanlagen verloren allmählich ihre militärische Bedeutung.

Das Zentrum der Talsperre bildet der Felsblock mit dem Castelgrande und seinen weithin sichtbaren Türmen, dem mächtigen „Torre Nera" und dem etwas schlankeren „Torre Bianca" in der Kernburg. Bis in das 13. Jahrhundert hat nur dieser Hügel Befestigungen getragen und verfügt über eine jahrhunderte lange bauliche Tradition. Teile der ein-

Die so genannte Murata, eine mächtige, ursprünglich fast 600 Meter lange Sperrmauer, führte vom Fluss Ticino bis an die westliche Peripherie des Castelgrande. Die Festung Sasso Corbaro – am Bildrand rechts oben – verhinderte, dass der Sperrriegel über den Hügel umgangen werden konnte.

drucksvollen Mauern stehen sogar noch auf den Fundamenten eines römischen Kastells. Für den Besucher ist es heute fast unmöglich, sich das Wachsen und die Veränderung dieser „Keimzelle" Bellinzonas vor Augen zu führen, denn das heutige imposante Antlitz der Burg ist bestimmt von den großen Umbauten im 14. und 15. Jahrhundert. Bei den Umbau- und Wiederherstellungsarbeiten der Jahre 1982–1992 wurde der Zeughausbau aus dem 19. Jahrhundert modern umgestaltet und die Burg mit einem Fahrstuhl ausgerüstet, der direkt in das Innere der Anlage führt.

dessen in zwei getrennten Linien zu den höher gelegenen Burgen führte. Ein weiterer wichtiger Bestandteil der „Riegelbebauung" war die so genannte „Murata", eine mächtige Sperrmauer aus dem 15. Jahrhundert, die von der westlichen Peripherie des Castelgrande einst bis an die Bergfläche des rechten Ufers des Flusses Ticino reichte.

Das heutige „Gesamtkunstwerk" der Befestigungsanlagen von Bellinzona ist hauptsächlich den Mailänder Herzögen des 15. Jahrhunderts zu verdanken und ihren Bemühungen, aus einzeln überkommenen Burgen und Mauern durch geschickte

Eindrucksvoll erheben sich die mit Schwalbenschwanzzinnen bewehrten Mauern der Burg Montebello auf dem felsigen Bergvorsprung östlich des Stadtkerns von Bellinzona. Im 15. Jahrhundert wurde eine ältere Burganlage an dieser Stelle zu dem Befestigungskomplex ausgebaut, der noch heute die Gestalt der Burg prägt.

Das eindrucksvolle Castello di Montebello steht auf einem felsigen Bergvorsprung östlich von Bellinzona und ist vermutlich im späten 13. Jahrhundert von den Rusca errichtet worden, einer einflussreichen Familie aus Como. Nach Beschwerden der mailändischen Kommissare im 15. Jahrhundert über den schlechten wehrtechnischen Zustand der Burg, wurde sie in mehreren Etappen zu dem noch heute sichtbaren Befestigungskomplex ausgebaut.

Sasso Corbaro, die jüngste der drei Burgen, wirkt in ihrer Alleinlage auf dem höchsten Punkt des Felsenrückens, ohne Anbindung an das Mauersystem der Sperranlage, etwas isoliert. Dennoch sollte ihr Bau, sie wurde zwischen etwa 1478 und 1482 errichtet, in den Augen der Mailänder Sachverständigen einen wichtigen Zweck erfüllen und eine gefährlichen Lücke im gesamten Verteidigungssystem schließen.

Zu einem effektiven Sperrriegel wurde das Burgenensemble erst mit der Stadtmauer, die nicht etwa wie üblich die Siedlung umschloss, sondern stattNeu- und Umbauten den einzigartigen, mit vielfältigen und reichen Baudetails versehenen Sperrriegel zu errichten. Ihre Sorge galt vor allem der nicht zu unterschätzenden und ständigen Bedrohung durch die Eidgenossen. Eine entscheidende Rolle in der europäischen Machtpolitik hatte Bellinzona allerdings im 13. Jahrhundert, wie es die überlieferten triumphierenden Worte an den päpstlichen Gesandten deutlich machen, als es den Guelfen (den Anhängern des Papstes) gelang, Bellinzona von den Ghibellinen (den Anhängern des Kaisers) zurückzuerobern:

„Die Burg von Bellinzona ist bis jetzt das Herz im Leibe der Stadt Como gewesen, jetzt ist sie das in ihrer Brust steckende, todbringende Schwert … Uns sind alle Wege nach Deutschland und Frankreich offen und für unsere Feinde geschlossen, so dass wir in Zukunft weder die Angriffe Neros (Kaiser Friedrichs II.) noch die Tobsucht der Deutschen mehr befürchten müssen …"